社会工作研究方法指导丛书

丛书主编　曾守锤
丛书副主编　安秋玲

扎根
理论

Grounded
Theory

[美] 朱莉安娜·S. 奥克塔伊
◎著

洪　佩
◎译

上海教育出版社
SHANGHAI EDUCATIONAL
PUBLISHING HOUSE

丛书总序

　　社会工作是一门强调实务(practice)或做(do)的学科。它主要关注的是,如何帮助有需要的个体、家庭、组织和社区,如何促进社会的公平和正义。

　　或许是我们对实务倾注了大量的心血而无暇关注研究的问题。比如,我们非常强调对学生实务能力的培养,也注重专业教师要扎根于实务领域,但我们对研究的关注似乎不够。由此导致的后果之一就是,社会工作领域的研究水平不高,[①]学生的科学研究训练不足。[②]

　　以上这一解释颇具迷惑性,但更大的可能性或许在于我们的想法或认知:社会工作领域内的许多人都认为,社会工作主要不是一个理论或研究的问题,而是一个实务层面上的操作问题。[③] 在这里,笔者尝试通过论证"好的实务需要研究"来破解这一迷思。

---

　　① 沈黎,蔡维维. 社会工作研究的理念类型分析——基于《社会工作》下半月(学术)的文献研究[J]. 社会工作下半月(理论),2009(2):4-9.
　　② 笔者长期以来一直担任社会工作研究方法课程的教学工作,对此有一些切身的体会。
　　③ 文军,刘昕. 近八年以来中国社会工作研究的回顾与反思[J]. 华东理工大学学报(社会科学版),2015,30(6):1-12+39.

我们通常将实务描述为"需求评估、计划制订和实施、效果评估和反思"等阶段。试问：哪一个阶段不需要研究呢？

首先，需求评估在很大程度上就是一个调研的过程。当你进入灾后重建社区时，你怎么知道哪些人需要帮助？这些人需要什么样的帮助？什么样的帮助方式是他/她们能接受的和更方便的？因为虽然你手握资源，但你的资源毕竟有限。根据社会工作的价值追求，你希望找到那些"最"需要帮助的人，并解决他/她们"最"紧迫的需要。这是不是一个研究的问题?！同样，当你面对一个长期遭受丈夫虐待的女人时，你如何评估她的需求？这是不是需要研究?！笔者相信，我们可以列举出无数实务领域的例子来说明研究在需求评估阶段的重要性。但有人可能会说：这不就是实务的过程或阶段之一吗？这与研究有何相干？笔者相信，当我们对研究有所领悟之后，我们或许可以这样来回应这个问题：研究让实务工作者可以系统地收集资料，从而减少信息的偏差。所以，基于研究的需求评估，为实务提供了重要的基础和出发点。

其次，计划制订和实施阶段也需要研究。在评估完案主系统的需求之后，在尝试与案主系统一起制订服务的方案或计划时，我们并不是"想当然"地很轻易就可以做好这件事——我们需要了解，案主系统当前面临的问题或困境，是否已经有了被证明有效的干预模式或方法。这是一个文献检索并评估研究质量的过程。它需要研究！很显然，这些被证明是成功的干预模式或方法虽不能说给我们提供了现成的答案，但至少给当前的干预提供了指引的方向。在实施干预计划时，我们可能要收集量化数据或质性资料，从而为后期的效果评估做好准备。当然，我们可能还需要收集数据或资料，对干预的过程进行评估（开展过程评估）。这就涉及测量的知识或资料的收集工作——这需要研究，或者说需要掌握研究的方法。多说一句，在受过社会工作的专业训练后，实务工作者的头脑中可能装备了大量的实务干预的模式、方法和具体的技巧，但这些模式、方法和技巧绝大部分也是通过研究提炼出来的。从这个意义上来说，掌握研究方法，熟悉研究程序也许有助于我们理解这些模式、方法和技巧，从而不至于将这些模式、方法和技巧神圣化并奉为圭臬，不至于使我们缺少批判的精神和挑战的勇气。

最后，效果评估和反思阶段同样需要研究。在实务的这个阶段，我们需要收集数据或资料来评估干预的效果。至于思考应采用怎样的研究设计来开展服务效果或效益的评估，其实早在干预开始之前就已经谋划好了：是采用单组前测—后测设计、静态的组间比较设计、时间序列设计、单后测设计，还是随机控制实验设计？所有这些知识都可以通过对研究方法的研习获得。当前，我国社会工作领域的干预研究中普遍存在一种不良倾向，那就是对干预或服务效果的评估采用主观的方法：如果实务工作者自己"认定"服务或干预是有效的，那么该干预或服务就被假定为有效的。这种干预模式或做法显然是非实证的，西方把这种实践模式称为"权威为本的实务"（authority-based practice)。① 值得庆幸的是，学界已经认识到权威为本的实务模式或做法的不足或弊端，并逐渐在摒弃这种做法。是的，你不能以专家或专业权威自居，并"自认为"你的干预改变或帮助了案主系统，就指望别人也与你持相同的看法。这显然不符合社会工作实务/干预的规范模式。社会工作实务需要证据和研究！

综上所述，笔者试图表达的一个基本观点是，研究贯穿于实务的始终：②我们研究案主系统的需求，我们研究已有的干预模式或方法，我们通过研究展示干预的效果。总之，实务不仅仅是一个操作层面的问题，它需要研究！这就是我们为什么需要学习研究方法的原因之一！

行文至此，我们可以得出这样一个结论：哪怕将社会工作的学科性质定位为百分百实务导向的，我们依然需要研究！没有研究，就没有好的实务。没有好的实务，不仅意味着资源的巨大浪费，而且可能会对案主造成伤害。这是任何一个有价值追求的社会工作者（以下简称"社工"）不愿意看到的。

社会工作不仅需要实务，也需要研究。社会工作领域存在大量的现象或问题，需要我们去研究，要研究就要学习研究方法。比

---

① 何雪松. 社会工作理论[M]. 上海：上海人民出版社，2007.
② 必须承认，行动研究与这一实务模式背后隐含的研究思路存在相当大的差异，具体可参阅：陈向明. 质的研究方法与社会科学研究[M]. 北京：教育科学出版社，2000：447-459.

如,中国的社工应具备怎样的专业能力?[①] 为什么大量的社工会辞职或流失?[②] 为什么绝大多数社会工作专业本科毕业生不做社工?[③] 社会工作专业学生的专业认同和从业意愿水平如何,受到哪些因素的影响?[④] 学生在专业实习中的体验是什么,存在哪些问题或不足?[⑤] 如何准确、有效地评估学生的实习表现?[⑥] 在中国快速推进社会工作职业化的过程中,其专业化程度呈现出一种怎样的样貌?[⑦] 在国内开展社会工作实务,社工与案主的双重关系是可以避免的吗?[⑧] 在政府购买服务的政策背景下,当专业社工

[①] 雷杰,黄婉怡. 实用专业主义:广州市家庭综合服务中心社会工作者"专业能力"的界定及其逻辑[J]. 社会,2017,37(1):211-241.

[②] Wermeling, Linda. Why social workers leave the profession: Understanding the profession and workforce. *Administration in Social Work*,2013,37(4),329-339.

[③] Shouchui Zeng, Monit Cheung, Patrick Leung, & Xuesong He. Voices from social work graduates in China: Reasons for not choosing social work as a career. *Social Work*,2016,61(1),69-78.

[④] 林承彦,张兴杰,曾细花. 专业认同影响从业意愿路径的实证分析——以社会工作专业为例[J]. 高教探索,2013(3):133-138. Yean Wang, Yingqi Guo, & Shouchui Zeng. Geographical Variation of Social Work Students' Job Intentions in China: A Geographic Information Systems Approach. *Social Work*,2018,63(2),161-169.

[⑤] Barlow, C., & Hall, B. L. What about feelings? A study of emotion and tension in social work field education. *Social Work Education*,2007,26(4),399-413. 徐迎春. 本土处境与现实策略——近十年来社会工作实习教育研究文献综述[J]. 社会工作,2013(5):120-127+155.

[⑥] Bogo, M., Regehr, C., Hughes, J., Power, R., & Globerman, J. Evaluating a measure of student field performance in direct service: Testing reliability and validity of explicit criteria. *Journal of Social Work Education*,2002,38(3),385-401.

[⑦] 安秋玲,吴世友. 我国社会工作专业化的发展:基于就业招聘信息的分析[J]. 中国社会工作研究,2014(2):74-97.

[⑧] 赵芳. 社会工作专业伦理中的双重关系的限制、困境及其选择——一项基于城乡社会工作者的实证研究[J].中国社会工作研究,2013(1):51-72.

机构"嵌入"到街区时,会对专业社工与街区之间的权力关系产生怎样的影响,尤其会对社工的专业权利和专业自主性产生怎样的影响?[①] ……这些都是社会工作领域的问题。如果我们不学习研究方法,对研究的基本过程或程序不熟悉的话,我们对这些问题的回答就会是朴素的和苍白的。很显然,由于社会工作对弱势人群的关注,我们还需要对社会的弱势人群开展一些基础的调研或研究,[②]这里就不再一一列举了。最后,社会工作领域还有很多历史的、理论的和政策的问题有待研究。[③]

基于上述考虑,笔者一直在思考这样一个问题:我们可以采用怎样的方法来改变社会工作领域对研究重视不足和研究水平不高的现状。带着这一问题,上海教育出版社教育与心理出版中心的谢冬华主任、华东师范大学社会工作系的安秋玲博士和笔者走到了一起。我们决定策划一套"社会工作研究方法指导丛书",尝试为提高社会工作领域的研究水平尽绵薄之力。

本丛书所选的大部分著作来自社会工作领域。其实,在社会

① 朱健刚,陈安娜. 嵌入中的专业社会工作与街区权力关系——对一个政府购买服务项目的个案分析[J]. 社会学研究,2013,28(1):43-64+242.

② 顾东辉.下岗职工的非正式社会支持与求职行为——以上海为例[J]. 中国社会工作研究,2013,第十辑:56-81. 郑广怀.伤残农民工:无法被赋权的群体[J]. 社会学研究,2005(3):99-118+243-244.

③ 文军. 西方社会工作理论[M]. 北京:高等教育出版社,2013. 孙志丽. 民国时期专业社会工作研究[M]. 北京:人民出版社,2016. 郭伟和. 管理主义与专业主义在当代社会工作中的争论及其消解可能[J]. 中国社会工作研究,2004,第二辑:55-72. 黄晓春. 当代中国社会组织的制度环境与发展[J]. 中国社会科学,2015(9):146-164+206-207. 王思斌. 中国社会工作的嵌入性发展[J]. 社会科学战线,2011(2):206-222.

科学领域,绝大部分研究方法是通用的。拿实验法来说,社会学的研究者会使用它,心理学的研究者会使用它,教育学的研究者也会使用它……那么,这些不同学科中的实验法有什么不同吗？笔者的观点是,它们大体是相同的,但由于不同学科的价值追求或要求存在一定的差异,在应用该研究方法时会受到某些限制或改变(在社会工作中,随机分配案主到不同的干预模式中是一个特别具有伦理争议的话题),而且这些不同学科的作者在阐述该研究方法时会结合该学科的知识基础,这就使得读者更能理解该方法在该学科领域内的独特魅力或特殊限制。因此,选择社会工作专业研究方法著作的好处是,它可以帮助读者更加无缝衔接地应用某种研究方法、研究程序或研究技巧,从而减少知识迁移的难度。另外,如果读者能够充分利用这些著作中的参考文献,这对他/她们了解或熟悉社会工作领域内的期刊和论文也会非常有帮助。

社会科学领域内一些经典、优秀的研究方法类著作,对社会工作这样一门应用性非常强的学科来说,也是非常有借鉴意义的。对此,我们也一并纳入丛书。

本丛书既包含引进翻译的著作,也包括国内学者原创的著作。第一批拟推出十部著作,它们是《干预研究:如何开发社会项目》《历史研究》《扎根理论》《需求评估》《实务研究的质性方法》《质性研究的元分析》《准实验研究设计》《单一系统设计数据的统计分析》《寻找和评估证据:系统评价与循证实践》《社会工作实务研究:高校与社会工作机构合作模型》(书名以正式出版时为准)。

丛书计划在未来几年内先出版10—12本。此后,我们将陆续增选一些引进翻译的和国内学者撰写的研究方法类著作。欢迎学界同仁赐稿,并推荐优秀的英文版研究方法类著作。

　　让我们一起为社会工作奉献一套优秀的研究方法类图书,为提升该学科的研究水准和实务水平而努力吧!

　　笔者相信,在大家的共同努力和推动下,社会工作的明天会更真、更善、更美!

丛书主编　曾守锤

华东理工大学社会工作系教授、博士生导师

2018 年 5 月 14 日于上海

最古老的定性研究形式之一——扎根理论对当今的社会工作专业贡献良多。然而,即使已经被广泛运用于社会工作研究,它还是常常会遭到误解,其潜力也并未得到充分发挥。更遗憾的是,扎根理论以及一般意义上的理论生成也没有被纳入当前社会工作领域有关实践与研究关系的激烈争论中。本书的目的是让社会工作研究者了解扎根理论方法,包括其发展脉络、理论假设,以及扎根理论研究如何区别于其他定性方法。此外,本书结合社会工作领域的几个扎根理论研究范例对扎根理论方法进行了描述,以便社会工作研究者能够更好地理解和评估扎根理论研究,开展扎根理论研究,并对自己的研究作出恰当描述。

我是如何发现扎根理论并开始写作本书的

1973 年,我在密歇根大学(University of Michigan)获得社会学和社会工作博士学位。当时,"研究"(research)所指的主要是调查研究(survey research)。除了偶尔轻描淡写地提到"他们在芝加哥做的事情",定性研究甚至还没有引起人们的注意。在这种文化的影响下,我毕业后开展了几项定量研究,主要是在老年人领域。

当这些研究结束时,我经常感觉到,虽然我已经回答了自己精心建构的研究问题,但实际上我对真正重要的问题一无所知。令人沮丧的是,我心里的疑问在研究结束时反而比研究开始时还要多。

当卡罗琳·沃尔特(Carolyn Walter)来到我任教的社会工作学院时,我们很快就成了朋友。沃尔特最近完成了一篇关于生育与女性生命历程发展的定性研究论文。我很惊讶:"你竟然做到了?!"这是我有所了解的一个议题,并不是来自研究,而是来自生活经验。我是一名女性主义者,但没有将女性主义思想运用到自己的作品中。最近我获得了终身教职,我觉得可以自由地去尝试一些不同的事物了。沃尔特和我合作开展了一个研究项目,结合了我们两个人的研究领域:"生命历程中的女性"和"健康"。我们从生命历程视角,针对乳腺癌患者开展了定性研究(Oktay & Walter, 1991),这改变了我的生活。我不仅喜欢做定性访谈和资料分析,而且相较于定量研究,我对定性研究结果的有效性也更有信心。我开始学习定性研究方法(qualitative research methods),研修了几门课程,参加了一些会议,并进行了大量阅读。在我刚开始做定性研究时,我并没有意识到定性研究有不同的类型,只是使用了一种通用的模式。随着时间的推移,确定其中一种定性传统变得越来越重要。我意识到,扎根理论非常符合我的世界观,以及我一直以来采用的方法论。因此,我更加有意识地运用扎根理论模式来开展第二项定性研究,这项研究的资金来自美国国家癌症研究所(National Cancer Institute)的 R03 项目,研究对象是乳腺癌患者的女儿(daughters of women with breast cancer)(Oktay, 2004,2005)。

随着对定性研究方法兴趣和热情的日益增加,我在学校开设了一门选修课程,这是我教了多年的博士课程。2009年,我又开办了另一个专注于扎根理论资料分析的高级定性研究研讨班。这个研讨班专门针对那些在学位论文和课程项目中准备开始进行资料收集和分析(data gathering and analysis)的学生。我经常希望自己可以拥有一个类似于巴尼·格拉泽(Barney Glaser)和安塞尔姆·施特劳斯(Anselm Strauss)的学生所描述的研讨班,在我做研究时给予我指导和支持。我为我们项目组里的博士生开设的高级研讨班就是以此为目的。这个研讨班主要聚焦扎根理论。到目前为止,我已经指导了一些学生在他们的学位论文中使用定性研究方法或扎根理论。立足于这一经验,我继续开办新的研讨班。

本书以我的研讨班为基础,到目前为止,我已经讲授过三次。其间有一些很棒的学生,他们教给我的比我教给他们的还要多!直到开办研讨班,我才认识到社会工作与符号互动论(symbolic interactionism,扎根理论的理论基础)之间共同根源的重要性。我越了解扎根理论,就越意识到这种方法在社会工作领域的潜力。我希望本书能让更多的社会工作研究者了解这种方法,并意识到它能为我们这个专业带来什么。

我并不认为自己是扎根理论的专家。当今大多数扎根理论教材的作者是施特劳斯或格拉泽的学生。我是"自学成才"的,而且我是第一个承认自己在努力将这种方法付诸实践的过程中犯了很多错误的人。我认为自己更像一个艺术爱好者,而不是一个艺术家。我写作本书,是为了帮助那些还没有进入有关机构的人,因为在这些机构中,人们可以获得开展扎根理论研究与分析的强大背景。虽然本书主要是为社会工作专业的博士生而写,但它对于刚接触扎根理论的研究者以及身处其他领域但同样拥有实务取向的研究者,也应该具有一定的价值。作为一本袖珍指南,本书旨在为扎根理论方法提供一个基本介绍,并为如何开展这类研究提供实用性指南。

本书概述

本书前两章简要介绍了扎根理论及其在社会工作中的潜力。第一章的开始部分希望读者们能够了解扎根理论方法及其根源和发展历程。这一章强调了扎根理论对社会工作专业特有的包容性,介绍了三个社会工作扎根理论研究范例,用以说明扎根理论方法,以及这种方法如何运用于社会工作及其他相关领域。这一章还介绍了符号互动论,因为这一理论的思想观点对理解扎根理论至关重要。最后,这一章介绍了扎根理论方法的基本特征和主要组成部分,以及扎根理论自 20 世纪 60 年代末以来的发展历程。

x

第二章主要针对那些正在考虑扎根理论是否适合其研究的研究者,展示了扎根理论的基本特征和主要组成部分会如何影响研究设计和研究群体的选择。为了阐明扎根理论研究的基本过程,这一章运用三项研究范例来说明其中的每个组成部分。考虑到博士生读者群体，这一章还展示了如何运用扎根理论来制订研究计划（research proposals）。

第三章和第四章讲述了如何开展一项扎根理论研究，重点强调了编码过程。第三章侧重于运用开放编码（open coding）从原始资料中识别概念，通过识别维度和属性来发展这些概念，以及将这些概念整合到更大的范畴中。在分析的早期阶段，强调了撰写备忘录的重要性，并说明了开放编码和备忘录是如何进一步运用"不断比较"的方法和理论抽样（theoretical sampling）的。这将分析转向了理论建构。第四章介绍了主轴编码（axial coding）和选择编码（selective coding）的概念，即扎根理论编码的最后阶段。在编码的后期阶段，我介绍了各种激发创造性思维的技巧。

第五章讨论了经典扎根理论和新近扎根理论中有关质量的观点。在扎根理论中，可信度（credibility）既与扎根理论方法的运用有关，又与其生成的理论有关。我在这里强调的是，在实践中的适用性才是关键。这一章提供了格拉泽和施特劳斯对于那些已经被实务工作者在实务领域检验过，并被运用到不同情境中的一些理论所持观点的详细信息，因为扎根理论的这一方面已经在很大程度上被忽视了。然而，这对于社会工作这样的实践领域特别重要。

第六章根据社会工作研究的最新发展来思考扎根理论，并着眼于未来可能的发展。这一章讨论了为什么在当前开展一项扎根理论研究有时是很困难的，并考虑到在扎根理论方法不适用时应该怎么做。这一章简要考虑了扎根理论研究中的伦理问题和机构审查委员会（Institutional Review Board）提出的问题、发表格式的实际问题、计算机软件程序（computer software programs）的使用，以及混合方法研究（mixed-method studies）。这一章还介绍了形式扎根理论（formal grounded theory），这是一种用于整合定性研究（synthesizing qualitative studies）的扎根理论模式，因为我最近在关注定性研究的 meta 整合（meta-synthesis）。

xi 　　在整本书中，我使用了来自社会工作文献的三个扎根理论研究范例来说明扎根理论方法。我强烈建议本书的所有读者在使用本书时都仔细去研读这三项研究。本书每章结尾都有几个练习，旨在帮助学生将该章内容应用到自己的研究中去。

　　通过扎根理论，我找到了一种将理论、研究和实践结合在一起的方法。我喜欢做扎根理论研究，阅读优秀的扎根理论研究，以及帮助学生开展他们自己的扎根理论研究。在本书中，我希望传达出自己的热情，并向其他人介绍这种当下对社会工作领域而言十分有前景的方法。

xii 　　许多伟大的思想家曾强调过以经验为基础的理论建构（扎根理论方法的组成部分之一）的重要性，牢记这一点可以帮助我保持专注。例如，康德（Immanuel Kant）将经验作为所有知识的基础，并说道："毫无疑问，我们所有的知识都始于经验。"爱因斯坦（Albert Einstein）强调了创造力对科学的重要性："提出新的问题、新的可能性，或者从一个新的角度看待旧的问题，都需要创造性的想象力,同时也标志着科学的真正进步。"就连约吉·贝拉(Yogi Berra)也看到在实践中生成经验理论的重要性,她有一句名言:"从理论上来讲,理论与实践之间并无区别,但在实践中,两者之间是有所区别的。"

　　首先，我要感谢所有帮助过我的学生，他们不仅帮助我更好地理解扎根理论，而且教会我如何帮助其他人学习扎根理论。我特别想感谢尤妮斯·朴-李（Eunice Park-Lee）和马琳·马塔雷塞（Marlene Matarese），她们慷慨地允许我引用她们的作品（学位论文）来说明一些重要的扎根理论技术。我曾担任朴-李博士论文的答辩主席，而马塔雷塞则是我前面提到的研讨班的学生。她们的作品对本书来说是理想的，因为这些作品以一种通常无法在已发表的作品中看到的方式说明了扎根理论的研究过程。我还要感谢我用来说明扎根理论方法的三个研究范例的作者。拉莫娜·阿拉吉亚（Ramona Alaggia）、金·M. 安德森（Kim M. Anderson）和弗兰·S. 丹尼斯（Fran S. Danis），以及殷妙仲（Miu Chung Yan）等人的作品，都极大充实了本书的内容，并为社会工作文献提供了极其重要的支持。特别要感谢的是，目前在马里兰大学（University of Maryland）攻读博士学位的安德烈娅·琼斯（Andrea Jones），她帮助我完成了本书的术语表和参考文献。当我因准备将手稿"公之于众"涉及许多事务而感到不知所措时，她的开朗和迅速反应尤其令人感激。更重要的是，她对这本书及其对博士生的潜在价值都抱有极大的热情。其次,我要对丽贝卡·桑德(Rebecca Sander)致以深深的感谢,她对手稿所做的富有见地的、睿智的评论非常宝贵。贝基(Becki)[①]给我的帮助是无法估量的,她在我的手稿几乎还难以理解时就阅读了,并提出了一些重要的问题,帮助我明确了方向和观点。我非常感谢本书的审稿人对书籍出版计划及手稿初稿提出的非常宝贵的建议和意见。与牛津大学出版社的尼古拉斯·刘(Nicholas Liu)共事非常愉快——他对我多次错过交稿期限总是及时作出回应,并予以谅解。我还要感谢安塞尔姆·施特劳斯(Anselm Strauss)、巴尼·格拉泽(Barney Glaser)、乔治·赫伯特·米德(George Herbert Mead)、简·亚当斯(Jane Addams)等人给我的启发。再次,我要感谢欧文·爱泼斯坦(Irwin Epstein)撰写的那本非常开放、真实、有用的袖珍指南(Epstein, 2010)。爱泼斯坦的著作强调分享自己的经验,以及直接与学生进行交流,这鼓励我分享自己的经验,而不是作为一名专家"高高在上"地写作。

最后,我要感谢我的家人给予我的爱、耐心和支持。在写作这本书的那段时间里,我的母亲在经历阿尔茨海默病漫长而缓慢的恶化之后去世了。我特别想感谢我的妹妹苏珊·萨伯曼(Susan Shaberman)在那段时间里对母亲的关爱。虽然在撰写本书时,我常常因为担心和悲伤而分心,但我始终相信母亲得到了最好的照顾。我母亲的好女儿萨伯曼,她挑起了全部重担。我将永远感激她。

---

① 贝基(Becki),丽贝卡·桑德的昵称。——译者注

目录

扎根理论及其在社会工作中的潜力

无论是不是在社会工作领域，扎根理论都是最广为人知的定性研究方法之一。然而，在扎根理论首次被提出（Glaser & Strauss，1967）近50年后，人们仍然没有很好地理解它。本书旨在为社会工作研究的初学者和刚刚接触扎根理论的研究者提供一个关于扎根理论的清晰易懂的描述。

本章概述

本章将简要介绍扎根理论，并邀请读者进一步了解扎根理论方法的根源及其发展历史。本章开篇指出，扎根理论对社会工作专业有着特殊的价值。本章介绍了三个优秀的扎根理论研究范例，这三个研究范例将贯穿本书以说明扎根理论方法，并展示扎根理论方法如何运用于社会工作及其他相关领域。本章还介绍了扎根理论方法的相关历史背景，强调了它与社会工作专业的共同根源。本章还包括对符号互动论的介绍，因为它的理论思想对社会工作和扎根理论至关重要。最后，本章介绍了扎根理论方法的基本特征及其主要组成部分,并简要讨论了扎根理论自 20 世纪 60 年代末以来的发展历程,包括建构主义(constructivism)和后现代模式等最新进展。章末还提供了一些推荐练习。

社会工作与扎根理论的前景

为什么当今的社会工作研究者还需要学习扎根理论这种近 50 年前发展起来的定性方法? 它难道不是已经过时,与当下的社会工作实践无关吗? 恰恰相反! 当今的社会工作专业要求我们确保提供高质量的服务。虽然我们的大部分注意力都集中在对干预结果进行评估,但另一个同样重要的优秀组成部分也应该受到关注。也就是说,实践和研究的标准都要求社会工作的干预和评估具有扎实的理论基础。高质量的社会工作服务必须基于对人类行为和社会环境的深刻理解。同样,对干预过程的研究也要求我们拥有适用于实践情境的理论基础。但是,我们在研究中使用的以及在社会工作硕士项目中教授的许多理论来自社会科学,而不是来自社会工作实践,因而很难应用到实践情境中。其中的一些理论过于抽象,而另一些理论则存在问题,因为它们所立足的人类行为模型与社会工作专业侧重于"人在情境中"("person in environment")是不同的。虽然也有许多社会工作实务工作者基于实践提出了一些概念模型,有时被称为"实践智慧",但这类理论大部分从未得到检验或传播。社会工作研究者被传授的只是一种基于理论检验(theory testing)的传统(演绎)科学模型。缺乏与社会工作实践相适应的理论,我们就永远无法实现发展和提供优质社会工作服务的目标。

这些与扎根理论有什么关系呢?实际上,关系非常大。扎根理论的目的便是从现实世界的情境中获得经验性的理论。这种方法论是从社会学角度发展起来的,因为"纸上谈兵的理论家"(armchair theorists)提出的宏观理论无法通过实践经验的检验,所以迫切需要一个不那么抽象的理论层次(可以称之为中层理 5 论)。扎根理论创建的理论则直接来源于现实世界情境,因此它具有提出社会工作者可以用来指导实践的理论的潜力。这种理论还有助于提出基于理论的并能够在实践情境中加以检验的干预措施。事实上,在扎根理论最初被提出来时,为了能够在实践情境中对理论进行检验和调整,扎根理论的写作者就设想了研究者与实务工作者之间的合作。巴尼·格拉泽(Barney Glaser)和安塞尔姆·施特劳斯(Anselm Strauss)认为,使用他们的模型提出的理论对实务工作者而言是易于理解的,并能够在现实世界情境中"发挥作用"(Glaser & Strauss,1967)(关于如何使用该标准来评估扎根理论的进一步讨论,参见第五章)。

扎根理论的一套方法是为"运用"(use)而设计的,这一事实对社会工作研究者而言非常重要,因为他们的目标就是提出能够应用于实践情境的理论。扎根理论对社会工作有着特殊价值的另一个原因是,扎根理论和社会工作都源于符号互动论、实用主义(pragmatism)和进步时代(Progressive Era)的思想。基于此,社会工作研究者会发现,扎根理论的假设和程序使用起来都非常得心应手。在强调社会工作和扎根理论的共同根源时,我并不是说其他定性研究传统对社会工作专业没有同等的价值。例如,威尔斯(Wells,2011)就指出了叙事分析(narrative analysis)对社会工作的价值。在讨论这一共同背景之前,我先介绍三个社会工作扎根理论研究范例,用以说明扎根理论方法,并展示扎根理论方法如何应用于社会工作实践。

三个社会工作扎根理论研究范例简介

本节简要描述三个社会工作扎根理论研究范例,我将在整本书中使用这三个范例来说明扎根理论方法。

范例1:阿拉吉亚的扎根理论研究

多伦多大学社会工作学院(Factor-Inwentash Faculty of Social Work at the University of Toronto)的拉莫娜·阿拉吉亚(Ramona Alaggia)发表了一篇非常优秀的扎根理论研究论文,主题是关于母亲在发现自己年幼女儿遭受家庭成员性虐待时的反应方式(Alaggia,2002)。她的研究目的是"确定影响母亲反应的因素,以及更多和更少支持性反应的不同方面"(Alaggia,2002,p.43)。她首先将支持自己女儿的母亲和不支持自己女儿的母亲进行对比。她的研究提出了母亲反应的三个范畴:信任(从"无条件信任"到"不相信孩子")、情感支持和行为支持。她还发现了母亲反应的时间维度,也就是说,一些母亲的反应会随着时间推移而发

6

生改变，另一些母亲的反应则更加稳定。阿拉吉亚的扎根理论研究表明，母亲的反应复杂且具有多个维度。她的研究补充了母亲的反应随着时间推移而发生改变这一观点。她讨论了自己的研究结论对临床社会工作者的启示，认为如果他们无法认识到母亲的反应往往会随着时间推移而发生改变，就很有可能会犯错误。此外，她还强调了个性化评估与处遇的重要性，以及自我反省的重要性，尤其是社会工作者在面对这些母亲时的态度和支持她们的必要性方面进行的自我反省。

范例2：安德森和丹尼斯的扎根理论研究

第二个研究范例来自密苏里大学哥伦比亚分校社会工作学院（School of Social Work at the University of Missouri-Columbia）的金·M. 安德森（Kim M. Anderson）和弗兰·S. 丹尼斯（Fran S. Danis）[①]（Anderson & Danis，2006）。她们研究了受虐妇女的成年女儿（adult daughters of battered women）的抵抗（resistance）和抗逆力（resilience）。她们的扎根理论项目聚焦于"女孩用于克服压迫性家庭氛围的策略"（Anderson & Danis，2006，p.419）。她们发现，这些策略包括"创造身体和心理上的逃离""试图了解家里发生了什么"，以及"建构支持网络"。她们得出的结论是，社会工作者（"助人的专业人士"）应该"帮助女性认识到她们自己的抵抗策略是如何形成抗逆力的"（Anderson & Danis，2006，p.430）。

---

① 丹尼斯目前在得克萨斯大学阿灵顿分校社会工作学院（University of Texas, Arlington's School of Social Work）工作。

她们的模型强调，以往的研究都忽略了抵抗策略。她们建议在已有的"抗逆力"概念中加入"抵抗"的内涵。

范例3：殷妙仲的扎根理论研究

殷妙仲(Miu Chung Yan)对跨文化社会工作实践中文化张力的研究也说明了扎根理论方法(Yan，2008a)。在这项研究中，来自不列颠哥伦比亚大学社会工作学院(School of Social Work, University of British Columbia)的殷妙仲研究了"当社会工作者为来自不同文化背景的案主提供服务时，他们是如何与自己的文化进行互动的"(Yan，2008a，p.319)。他发现，少数族裔社会工作者在为案主提供服务时会遇到紧张的局面，这不仅仅是因为案主来自与西方主流文化价值观不同或冲突的文化，还因为社会工作者自身的文化与组织(社会工作专业)的价值观相冲突。当组织(社会工作专业)文化与案主文化相冲突的时候，还会出现第三种冲突。这项研究提出了几种不同的文化冲突，极大地拓展了"文化能力"(cultural competence)在这一领域的概念内涵。殷妙仲得出的结论是，社会工作专业需要认识到，社会工作实践中的文化张力是多方面的，而且以往的模式是不充分的。他强调了社会工作者进行批判性反思(critical reflexivity)的重要性，包括理解他们自己的"社会组织地位"(Yan，2008a，p.327)。他总结道："我们应该更好地了解其他文化(包括组织文化和整个社会文化)可能会如何影响我们的案主，以及各种形式的文化张力可能会如何影响我们的干预过程，而不是仅仅关注个人文化可能会如何影响问题的起因和个人的应对能

力。"(Yan，2008a，p.327)

上述三项研究均表明了扎根理论如何在临床和宏观层面促进社会工作的发展。它们不仅增加了对实务工作者而言非常重要的专业领域知识，而且超越了描述性分析，进一步发展了理论模型，并展示了(临床的或宏观的)实务工作者可以如何运用它们来改进实践。

扎根理论与社会工作的共同根源

虽然扎根理论是在社会学中发展起来的，但它与社会工作关系非常密切。这可能是由于扎根理论和社会工作具有共同的根源，扎根理论基于符号互动论，与社会工作一样，它源于进步时代的芝加哥。社会工作与符号互动论有着许多共同的基本假设(参见下文关于符号互动论的讨论)。

简·亚当斯、赫尔之家与芝加哥大学

19 世纪，芝加哥迅速地从一个边远小地区发展成为一个主要的中心城市。1890 年，这里有 30 多万居民，其中一部分是来自农村地区的移民，还有一部分是爱尔兰、德国、意大利、东欧犹太人和其他背景的移民。简·亚当斯(Jane Addams)是美国社会工作专业的创始人之一，在访问了伦敦的汤因比馆(Toynbee Hall)之后，她在芝加哥市中心购买了一幢赫尔家族的老房子(Deegan，2005；Knight，2010)。在那里，她建立了睦邻之家(settlement house)，用以帮助附近的移民家庭。

在亚当斯发展赫尔之家(Hull House，亦译"赫尔宫""赫尔馆")

的同时,洛克菲勒家族(Rockefeller family)也创建了芝加哥大学(University of Chicago)。芝加哥很快就成为进步主义运动(Progressive Movement)的中心,吸引了全国各地的理想主义者、创造性思想家和活动家。亚当斯及其赫尔之家的同事是芝加哥这场新的社会运动的核心。约翰·杜威(John Dewey)从密歇根大学来到芝加哥大学创建哲学和心理学系。他的朋友,也是他在密歇根大学的同事,乔治·赫伯特·米德(George Herbert Mead)很快也加入进来。杜威和米德加入了亚当斯及其同事阿博特夫妇(the Abbotts)所从事的妇女选举权、劳工条件(包括童工)、少年司法和其他方面的工作。杜威曾在赫尔之家的董事会任职。杜威离开芝加哥大学后,亚当斯和米德于1910年联合策划并领导了服装工人的罢工。米德还担任了芝加哥大学睦邻之家(University of Chicago Settlement House)的董事会成员,多年来一直是一名活跃的社会改革者(Cook,1993)。

在这一时期,社会活动家和学者共同参与了社区的社会行动,以及在大学的研究、教学和写作。当时,学术界与社会行动之间还没有明确的界限。杜威和米德(以及芝加哥大学的其他教职工)与亚当斯一起在赫尔之家的厨房工作,设计方案并讨论理论(Deegan,2005)。在倡导并为穷人提供服务的同时,亚当斯及其同事也对贫困和犯罪的原因进行了研究,例如《赫尔之家地图和资料集》(*Hull-House Maps and Papers*)(Addams,1895/2006)。亚当斯对赫尔之家周边社区的研究影响了后来发展成为芝加哥学派(Chicago

School)的研究方法城市民族志(urban ethnography)。米德也在匹兹堡调查模式(model of the Pittsburgh survey)的基础上,致力于促进芝加哥社会调查的发展(Cook,1993;Zimbalist,1977)。社会科学理论的发展也是他们寻求社会正义行动的一个核心部分。亚当斯会在新的社会学杂志,即芝加哥大学的《美国社会学杂志》(*The American Journal of Sociology*)上定期发表文章(Deegan,2005)。米德的理论就是在这种社会行动、研究和提出理论的互动中发展起来的,后来被称为"符号互动论"。

美国的社会工作深受这种社会行动、研究和社会理论相互融合的影响。1905年,美国第一个社会工作学院——芝加哥公民与慈善学院(Chicago School of Civics and Philanthropy),由索菲尼斯巴·普雷斯顿·布雷肯里奇(Sophonisba Preston Breckenridge,美国福利工作者)和亚当斯在赫尔之家的同事阿博特共同创立。杜威和米德早期都曾在这个新成立的社会工作学院任教。这个刚刚起步的社会工作专业采用了杜威的教育模式,强调"做中学"(learning by doing),尤其注重实地教育。1920年,该学院被并入芝加哥大学,改名为社会服务管理学院(School of Social Service Administration)。社会服务管理学院发展起来的社会工作教育模式对社会工作专业的发展产生了举足轻重的影响。随着时间的推移,虽然社会工作专业和芝加哥学派都继续沿袭了其创始人的合作,但社会服务管理学院还是与芝加哥大学的学术部门逐渐分离了[更多信息请查询芝加哥社会学派(Chicago School of Sociology),参见 Bulmer,1984]。

实用主义、符号互动论以及社会工作实践与研究

本节将简要介绍实用主义和符号互动论,因为扎根理论方法就是建立在这些理论模型之上的。虽然这看起来有点离题,但我坚信,任何探索扎根理论的研究者都至少需要对这些理论有一个基本的了解(其原因将在本章后面几节以及第三章和第四章中阐明)。

实用主义对于芝加哥大学社会学系的社会工作专业和哲学专业都很重要。实用主义是由查尔斯·桑德斯·皮尔斯(Charles Sanders Pierce)和杜威发展起来的,强调做有用的事,而不是不加批判地坚持理论或哲学原理(Locke,2007;Strubing,2007)。"实用主义是一场哲学运动……它主张,如果某种意识形态或命题能够令人满意地发挥作用,那么它就是真的;一个命题的意义可以在接受它的实际结果中找到,不切实际的想法则会被拒绝。"(McDermid,2006)当前一部社会工作著作对实用主义定义如下:"现实并不会独立于人们根据其有用性所创造、定义和践行的意义而存在。"(Robbins,Chatterjee,& Canda,2006,p.321)虽然并不总是能够得到人们的认可,但社会工作作为一门实践性的专业,所采取的往往是一种实用主义的观点。

接下来介绍符号互动论。米德的理论综合了同时期其他社会学家,如杜威、威廉·詹姆斯(William James)、威廉·艾萨克·托马斯(William Isaac Thomas)、弗洛里安·兹纳涅茨基(Florian Znaniecki)和查尔斯·霍顿·库利(Charles Horton Cooley)等人提出的观点(Blumer,1969;Morris,1967;Strauss,1977)。如前所述,米

德的思想是在他与杜威、亚当斯合作改善芝加哥贫困人口的生活状况时形成的。基于这些经历,他看到了人们积极地与所处的环境互动并对环境加以改善。米德认为,当时其他知名的理论观点都认为个体是被动的,而不是积极主动的。在他的论文和课堂上,他对心理动力学模式、行为模式和社会学模式将个体描绘成是由内部驱动力、外部奖惩机制或宏观社会力量塑造的(Blumer,1969;Mead,1934;Strauss & Mead,1956)进行了批判。米德认为,人们采取的行动是基于社会互动形成的意义。

米德在芝加哥大学任教多年,在那里,他通过教学以及发表一系列论文来发展和传播他的思想。然而,他从来没有把自己的想法整合成一个单一的理论。1931年他去世以后,他的学生根据课堂笔记撰写了《心灵、自我与社会》(*Mind,Self and Society*)(Mead,1934)。1969年(米德去世近40年以后),米德生前的一位学生——赫伯特·布鲁默(Herbert Blumer)强化并扩展了米德的理论,创造了"符号互动"(symbolic interaction)这一术语(Blumer,1969)。专栏1-1列出了符号互动论使用的基本概念(Ritzer,2010a,2010b)。专栏1-2列出了符号互动论的基本原则。

11

专栏 1-1 符号互动论的基本概念

- 行动
- 表意符号

续

- 解释
- 意义
- 心灵
- 自我
- 概化他人
- 社会互动
- 共享意义
- 过程（社会过程）
- 社会

（来源：Ritzer，2010a）

专栏 1-2　符号互动论的基本原则

- "人们是基于事物对他们的意义而针对这些事物采取行动的。"
- "这些事物的意义是从一个人与其同伴进行的社会互动中衍生或者产生出来的。"
- "这些意义是通过人在处理他所遇到的事物时使用的解释过程来处理和修正的。"

（来源：Blumer，1969，p.2）

在最近的一部社会工作著作中，对符号互动的定义如下：

人与环境之间相互作用的动态过程,会使自我不断成长和发生变化。符号互动的前提是,认同涉及的是在与他人互动过程中呈现的共享表意符号(或共享意义)。(Robbins,Chatterjee,& Canda,2006,p.296)

同样重要的是,我们需要明白,在符号互动论中,现实在本质上是动态的,而不是静态的。当个体通过社会互动来解释意义,采取行动并评估结果时,"自我"也会随之不断发生变化。此外,符号互动论还强调社会过程。

布鲁默的著作《符号互动论:观点和方法》(*Symbolic Interactionism: Perspective and Method*,1969)对扎根理论的发展起到了重要作用,因为它不仅使米德的思想更易于理解,而且讨论了研究符号互动论相关概念需要的方法论类型。布鲁默提倡基于观察(observation)和访谈的定性方法论,因为这是研究一个基于对意义、社会互动和认同的解释而形成的动态现实的唯一途径(Blumer,1969)[有关芝加哥社会学派思想和方法发展的详细讨论,参见 Gilgun,1999,2007]。

社会工作专业与符号互动论有许多共同的观点。符号互动论关注的是个体与环境的相互作用,而社会工作实践在传统上关注的也是"人在情境中"(Greene & Ephross,1991)。符号互动论和社会工作都认为个体是积极的存在,个体通过与社会网络中其他个体的互动,以及从更广泛的社会中获得的意义来发展自我认同。社会工作对赋权的关注反映了将个体视为塑造环境的积极

12

参与者,而不是服务的被动接受者这一观点。自我在符号互动论中的重要性,以及"自我的运用"(use of self)在临床社会工作实践中的重要性,说明了这两个领域的共同观点(有关符号互动论和社会工作的更多讨论,参见 Forte,2004)。

因为扎根理论源于符号互动论的定性方法论,所以扎根理论方法与社会工作实践有着明显的相似之处就不足为奇了。吉尔根(Gilgun,1994)已经指出其中的一些相似之处,并称临床社会工作实践情境与扎根理论之间关系密切。当然,两者之间也存在明显的区别,即一个是实践方法,而另一个是研究方法(Padgett,1998a,1998b)。不过,社会工作与扎根理论之间还有另一种联系,即它们具有共同根源。

扎根理论的起源

实用主义与符号互动论之间的联系是由施特劳斯提出来的,13 他在芝加哥大学师从布鲁默,完成了博士学位。他在符号互动论和芝加哥学派"实地研究"(field study,亦称"田野调查""现场研究")方法方面有着深厚的背景。施特劳斯的学术生涯是从美国中西部开始的,后来他被招募到加利福尼亚大学旧金山分校(University of California at San Francisco)护理学院,并在那里开发了一个新的博士项目(Stern,2009;Stern & Porr,2011)。当时,格拉泽刚从哥伦比亚大学获得博士学位回到加利福尼亚大学旧金山分校。在那里,格拉泽曾在罗伯特·K. 默顿(Robert K. Merton)和保罗·拉扎斯菲尔德(Paul Lazarsfeld)的指导下接受了定量研究方法的训练。格拉泽和施特劳斯在旧金山分校相遇，施特劳斯还邀请格拉泽参加他关于死亡的研究项目。他们提出的扎根理论方法，实际上结合了施特劳斯符号互动论和定性方法的背景，以及格拉泽对理论生成和定量研究方法训练的兴趣。

"扎根理论"一词起源于 1967 年出版的《扎根理论的发现》(*The Discovery of Grounded Theory*)(Glaser & Strauss，1967)。格拉泽和施特劳斯当时在旧金山医院刚刚完成了一项为期四年的"死亡研究"(dying studies)(Glaser & Strauss，1965,1968)。在《扎根理论的发现》中，他们描述了该项研究的过程，并提倡更广泛地应用他们称之为"扎根理论"的方法。这部经典著作中的许多方法论其实并不新颖，而是描述了芝加哥大学多年来教授的方法。

然而，其中也有一些重要的区别。首先，格拉泽和施特劳斯将扎根理论的目标定位为生成中层理论(middle-range theory)(Glaser & Strauss，1967)。这种对理论生成的关注是扎根理论区别于其他定性方法的主要特征。在《扎根理论的发现》中，格拉泽和施特劳斯批评了传统芝加哥学派风格的城市民族志，因为它们虽然提供了详细的描述，但没有产生对实践有用的理论。他们还批评了当时流行的逻辑演绎理论(Glaser & Strauss，1967)，因为这种理论主要是基于推测和演绎，而不是基于经验。在这一过程中，他们实际上加入了当时社会学领域的一场辩论。第二次世界大战后，社会学受到技术发展的极大影响，这使定量研究成为可能。例如，统计学的进步和计算机的使用，都促进了调查研究领域的发展。研究者开始产出大量的定量数据，却立即被攻击为"非理论的"(a-theoretical)。默顿（格拉泽在哥伦比亚大学的导师之一）对此的回应是，社会学需要中层理论（Merton，1968）。在《扎根理论的发现》中，施特劳斯和格拉泽都同意默顿的观点，认为很多他们称之为"宏大理论"(grand theory)的社会学理论过于宽泛，难以运用到"现实世界"的情境中。他们主张使用一种新的方式来生成理论，即理论必须建立在经验观察的基础上。由此产生的"扎根理论"将是适用于现实情境的中层理论。

其次，虽然芝加哥学派的传统是让学生在几乎没有方法论指导的情况下进入研究现场，但格拉泽和施特劳斯还是详细描述了如何实施和评估这类研究。扎根理论方法被写入《扎根理论的发现》主要归功于格拉泽，他在哥伦比亚大学（师从默顿）接受的训练解释了他们为何会重点关注生成中层理论的必要性。

如前所述，扎根理论结合了社会学中的各种传统。同时，它也结合了社会科学（社会学）和健康专业（护理学）的传统。格拉泽和施特劳斯开设的课程与研讨班同时向护理学和社会学的博士生开放。他们的研究专注于实践情境。扎根理论方法是在理论与实践的互动中发展起来的这一事实，对社会工作这样一门实践性专业具有特殊的意义。

扎根理论的特征

现在来简要描述一下扎根理论，包括它的目标、主要组成部分、理论建构过程中的逻辑，以及开展扎根理论研究的过程（见专栏1-3）。在格拉泽和施特劳斯的学生们最近出版的一本扎根理论著作中，莫尔斯（J. Morse）写道："扎根理论不是一种只使用特定'标准资料'和公式化技术来设计解决方案的既定方法……扎根理论是一种对资料进行思考的方法——概念化的过程——从资料中提出理论，因而其最终结果是，科学工作者从访谈和观察日常生活等方式收集的资料提出某种理论。"（Morse et al.，2009，p.18）在扎根理论研究中，资料收集和资料分析是同步进行的。

15

专栏1-3 扎根理论的特征

- 理论生成的目标
- 基于符号互动的概念
- 使用溯因逻辑（abductive logic）展开资料收集和资料分析的多阶段过程（multistage process）
- 包括以下主要组成部分：
  - 理论敏感性（constant comparison）
  - 不断比较（theoretical sensitivity）
  - 理论抽样（theoretical sampling）
  - 理论饱和（theoretical saturation）

扎根理论的目标：理论生成

要真正理解扎根理论，关键是认识到"理论"一词的重要性。理论是核心所在，不仅运用于（扎根理论）方法的名称，还运用于扎根理论的很多关键术语，这些都强调了扎根理论方法的目的是理论生成（见下文）。这种对中层理论生成的关注，是扎根理论区别于其他定性方法的关键所在（Corbin & Strauss，2008；Hood，2007）。虽然定性研究的其他传统可能也有理论旨趣，但它们的目标更可能是对某种文化或情境（民族志），抑或是对个人赋予其文化或生活各个方面的"意义"［现象学（phenomenology）］的详细（"深厚"）描述，而叙事研究则旨在描述和分析受访者的"故事"（Wells，2011）。与这些模式相比，扎根理论研究的主要目的是建构理论。

扎根理论的主要组成部分

《扎根理论的发现》（Glaser & Strauss，1967）中所描述的扎根理论的主要组成部分包括理论敏感性、不断比较、理论抽样和理论饱和。这里会简要介绍这些组成部分，并在后面章节中进行更加详细的讨论。虽然理解单个组成部分的含义很重要，但在扎根理论方法中，这些组成部分都是整合运用，以从资料中生成理论（更具体的理论生成过程将在下一节进行介绍）。图 1-1 显示了扎根理论主要组成部分之间的交互作用。

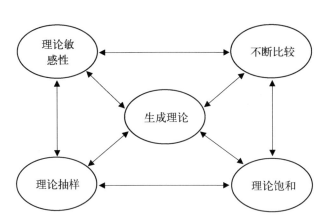

图 1-1　扎根理论的主要组成部分

理论敏感性

理论敏感性是指研究者进行分析的能力，即能够从理论层面看待研究的内容，并能够超越实体本身，识别出实体的特征。理论敏感性基于对社会学理论及其相关概念的熟悉程度，同时也基于个人经验（personal experience）、专业经验和性格。理论敏感性会随着时间的推移而不断增长，与"多年的理论性思考"有关（Glaser & Strauss，1967，p.46）。

不断比较

不断比较是扎根理论用来从经验资料中创建理论的基本方法。通过案例[无论是有关个人的案例，还是基于组织或更大结构（如社会）的案例]之间的比较，研究者得以从中发展出"概念"。不断比较的过程使得案例之间的相似性和差异性变得显而易见，立足于资料，概念性范畴也得以确定和描述。

理论抽样

扎根理论中的抽样是由生成理论驱动的。由于理论是随着研究的进展而生成出来的,抽样策略在研究开展的过程中也会发生变化。因此,它不是预先确定的。扎根理论的目标是使提出的理论同样适用于那些与该理论生成时的情境相似的其他情境。也就是说,这个理论在类似情境中也应该是有效的。用于生成理论的样本不用像定量研究那样具有"代表性"。在定量研究中,样本的特征往往集中在人口统计学方面。然而,在扎根理论研究中,人口统计学特征可能与该理论无关。相反,其目标是提供一个允许对相关概念进行深入探讨的样本。这是无法提前确定的,不应该预先确定抽样策略,因为理论可能会受到抽样策略的限制,而抽样策略又可能会被证明与新生成的理论无关。

理论饱和

理论饱和意味着"社会学家再也找不到能够从中发展某一范畴属性的新资料"(Glaser & Strauss,1967,p.61)。研究工作会一直持续到研究者达到"饱和"的状态。也就是说,没有新的概念出现,而且理论也为资料所支撑。格拉泽和施特劳斯指出,并非所有范畴和概念都需要达到饱和,但饱和对他们所说的"核心范畴"(core categories)(Glaser & Strauss,1967)是必不可少的(进一步的讨论可参见第四章)。

扎根理论的逻辑

由于扎根理论侧重于以资料为基础的理论生成,因而它从沉浸在资料中开始，并且使用归纳逻辑（inductive logic）。也就是说，从资料收集开始，并从资料中生成理论。然而，这一过程并没有就此结束，因为扎根理论是一个多阶段过程。研究者首先使用的是归纳逻辑，但当再次返回到田野中，发展中的理论又会得到进一步的探索、扩展和检验。这样一种通过收集更多资料来检验理论的步骤，实际上使用了演绎（理论检验）逻辑。由于扎根理论在理论生成（归纳）和理论检验（演绎）的"循环往复"过程中同时使用了归纳逻辑和演绎逻辑（deductive logic），所以扎根理论的逻辑是"溯因逻辑"（Locke，2007；Reichertz，2007；Richardson & Kramer，2006）。图1-2详细描述了这一过程。

18

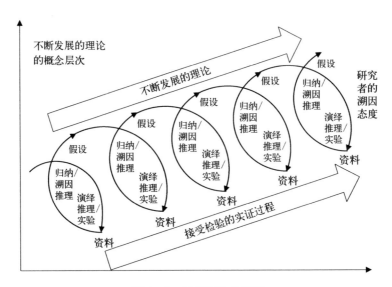

图1-2 扎根理论的过程

（来源：Strubing，2007，p.595）

扎根理论的过程

上述组成部分在一个建构理论的多阶段过程中是共同起作用的。研究者首先需要选择一个主题,并依据他/她的**理论敏感性**来收集一些资料。然后,他/她使用**不断比较**的方法从资料中提取概念,同时运用**理论敏感性**来理解这些概念,并将它们提升到更高的概念层次。**理论抽样**用于指导下一阶段的资料收集,以及进一步发展和检验这些概念。这个被称为扎根理论方法的过程,在达到**理论饱和**之前会持续经历多个阶段(见图1-1)。

遗憾的是,虽然社会工作文献中有许多研究将自己描述为"扎根理论",但实际上它们都缺乏在这里所讨论的有关扎根理论的大部分特征(O'Connor,Netting,& Thomas,2008)(见推荐练习3)。(社会工作领域以及许多其他领域的)研究者借用扎根理论的一些程序[如开放编码(open coding)],并运用"扎根理论"这一术语来描述他们的研究,这并不罕见。但是,使用扎根理论的某些技术,而没有运用上述过程来生成理论的研究,并不是真正的扎根理论研究(参见第六章关于扎根理论研究层次的讨论)。

1967年以来扎根理论的演变

1967年《扎根理论的发现》出版以后,扎根理论越来越受欢迎。当学生和研究者没有加利福尼亚大学旧金山分校研讨班提供的支持,试图仅仅依靠《扎根理论的发现》中的信息来使用扎根理论方法时,他们经常会遇到一些问题。许多人陷入困境或不知所措,或者根本不确定如何以及何时运用扎根理论方法的不同组成部分。为了回应这一需求，格拉泽（Glaser，1978）和施特劳斯（Strauss，1987）分别撰写了著作，进一步解释和阐明扎根理论方法。施特劳斯在他的著作中详细介绍了他在加利福尼亚大学旧金山分校的一次研讨班（Strauss，1987）。但是，这些著作只是部分有效地满足了扎根理论研究新手的需求。很少有教授能在课堂上复制施特劳斯的研讨班。格拉泽（Glaser，1978）提出的"编码家族"（coding families）详细清单对某些人来说是有帮助的，但对另一些人来说则是混乱的。这些著作还揭示了格拉泽和施特劳斯之间存在的差异，这在他们一起合作时并不明显。格拉泽和施特劳斯对扎根理论及其应该如何运用产生了不同的看法。这些差异可能反映了他们截然不同的背景，也可以看作两人不同认识论（epistemology）假设的反映。格拉泽离开了加利福尼亚大学旧金山分校，创立并领导了扎根理论研究所（The Grounded Theory Institute），用以教授并传播他的扎根理论。由于他们之间的差异，最终出现两种扎根理论的风格或模式（Annells，1996；Melia，1996；Stern & Porr，2011）。格拉泽后期的作品强调的是扎根理论的实证主义（positivism）假设，而施特劳斯强调的则是扎根理论的建构主义（互动主义）方面（见下文有关扎根理论认识论挑战的讨论）。

1990 年，施特劳斯与他当时的研究生朱丽叶·科宾（Juliet Corbin）合作出版了《质性研究的基础》（*Basics of Qualitative Research*）。《质性研究的基础》是一本导论性的著作，极大地简化

20　了扎根理论方法。这本书包括对具体技术的描述、范例、练习，以及对研究者（尤其是学生）在尝试开展扎根理论研究时遇到的问题的回应。这本著作的第二版和第三版是在施特劳斯 1996 年去世之后出版的（Strauss & Corbin，1998；Corbin & Strauss，2008）。当格拉泽出版了一本高度批判《质性研究的基础》的著作（Glaser，1992）时，他和施特劳斯之间关于扎根理论运用的分歧就更加明显了。

　　虽然存在这些差异，但格拉泽和施特劳斯都在加利福尼亚大学旧金山分校对许多护理学和社会学的学生进行了扎根理论方法的培训。正是这些学生成为目前扎根理论研究领域的领军人物，并构成了扎根理论的主要师资队伍（Morse et al.，2009）。通过他们的著作、培训工作坊和现在的互联网，他们的培训不再仅仅局限于加利福尼亚大学旧金山分校，因为扎根理论方法已经在世界各地得到广泛传播。

扎根理论的认识论挑战

　　扎根理论后来的演变主要是为了应对大学以及更广泛的定性研究领域发生的变化而产生的。定量研究的假设不断受到挑战，而定性研究则获得了合法性。在社会工作领域，这种冲突以"范式之争"（Hartman，1990）的形式出现，因为新的世界观质疑实证主义科学的许多假设。到 20 世纪末期，许多作者对不同类型的研究进行了分类。例如，诺曼·邓津（Norman Denzin）将所有定量研究都纳入实证主义或后实证主义（postpositivism）认识论

的阵营，而定性研究则被视为根植于建构主义、后现代主义
（postmodernism）或批判哲学。另一些人根据《扎根理论的发现》
中使用的语言，将扎根理论方法贴上"实证主义"或"后实证主义"
的标签。这种分类基于如下假设：存在一个能够被认识的客观现
实，而且研究者可以成为一名客观的观察者。例如，理论被"发现"
的观点表明，现实是存在于研究者之外的。而理论是从资料中"生
成的"这一观点，则是基于研究者作为研究过程的客观局外人这一
概念。将结果描述为"解释和预测"的工具这样一种理论，是实证
主义科学的共同目标。事实上，这些问题没有在任何有关扎根理
论的"经典"著作中被讨论过，因为扎根理论是在认识论争论之前
发展起来的。直到《质性研究的基础》的第三版，认识论的问题才
被科宾明确提出来（Corbin & Strauss，2008），但她仍然没有明确
表示支持任何一方。

21

　　扎根理论的研究者已经通过不同的方式回应了这种挑战以及
时代的变化。格拉泽一直保持着最初的观点，认为扎根理论所"发
现"的是"真实的"。这一模式有时会被贴上"实证主义"的标签。在
这一模式中，最终形成的理论被看作可以运用传统定量方法加以检
验（"验证"）的。卡麦兹（Charmaz，2006，2011）（格拉泽和施特劳斯
的学生之一）认为，扎根理论方法与建构主义哲学是相通的。建构
主义的观点认为，形成的理论是研究者和受访者依据时间、地点和
环境共同建构的。在此观点中，理论是基于研究者与资料之间的相
互作用而形成的。研究者"建构"理论，抑或与研究参与者和/或其

他人合作"共同建构"理论(Rodwell,1998)。在"建构主义"扎根理论中,基于单一现实假设的扎根理论程序被抛弃了。最近,阿黛尔·克拉克(Adele Clarke)提出了情境分析(situational analysis),这是扎根理论的后现代版本(Clarke,2005;Clarke & Friese,2007)。克拉克是一名社会科学家,曾在加利福尼亚大学旧金山分校跟随格拉泽和施特劳斯学习。鉴于上述发展,目前已经形成一系列基于不同认识论假设的扎根理论模式。

表1-1比较了三种"理想类型"的扎根理论模式——实证主义模式、建构主义模式和实用主义模式。我呈现出表1-1还是有些顾虑的,因为它过分简化了问题,并且还存在一种风险,即人们可能会以一种非常僵化的方式去运用它。这可能会造成误解。相反,它应该被那些发现这种策略有助于理解扎根理论文献中存在的一些争议的学生使用。实证主义模式与格拉泽有关。卡麦兹提倡的是扎根理论的建构主义版本。

22

表1-1 扎根理论的认识论

	本 体 论	**认 识 论**	**方 法 论**
实证主义	假设现实存在并且可以被发现	理论是被研究者发现的	资料分析完成之后才进行文献综述(literature reviews)
		当使用扎根理论程序时,理论会从资料中产生	经过分析后出现"核心范畴"

续　表

	本 体 论	认 识 论	方 法 论
实证主义		研究者打算以"白板"（tabla rosa，一无所知）的状态进入研究领域	所有其他范畴都与"核心范畴"相关
		研究者要保持客观性（objectivity），最大限度地减少偏见	研究者在分析报告中是被抹去的
建构主义	所有的现实都是被建构的	研究者和受访者建构的观点同样有价值	研究者及其观点是研究的核心部分
	存在多种现实	研究者不能与研究分割	研究者运用反身性使其（理论）建构可见
	相对主义		多角度呈现
			单个"核心范畴"和一个"基本社会过程"的组成部分在分析中被忽略了
实用主义	接受外部现实	可以同时包含客观主义和主观主义的观点	可以同时运用实证主义和建构主义扎根理论模式的方法
	选择对研究目的最有用的有关现实的假设	选择对研究目的最有用的研究者立场	选择对研究目的最有用的方法

（来源：Tashakkori & Teddlie，1998）

就个人而言,我不认为扎根理论可以被轻易地归入任何单一的理论模式,且不同版本理论模式(实证主义、后实证主义、古典主义、建构主义、后现代主义)之间的区别也并不像它们有时呈现出来的那样明显。扎根理论之所以非常有价值,原因之一就在于它是一种混合方法。如前所述,扎根理论诞生于一个定量(实证主义)研究者(即格拉泽)和一个接受符号互动论训练的定性研究者(即施特劳斯)合作开展的研究中。他们的观点在一起工作和互相学习过程中都发生了变化(Stern & Porr,2011)。当我仔细阅读《扎根理论的发现》(Glaser & Strauss,1967)时,对于我找到的每一个表明存在单一的、可知的现实的陈述,都能够找到另一个表明存在复杂的、不断变化的、建构的现实的陈述。对于每一处提到客观研究者的地方,我都能够找到另一处表明作者其实也意识到真正的客观性是不可能实现的。试图将扎根理论"归入"某个单一的理论模式中,可能会导致失去这种方法的独特性。相反,我支持"不可知论"的立场,即根据每项研究的实际需要来混合使用不同模式的最有效特征。

基于此,我在表1-1中增加了实用主义模式。实用主义与扎根理论的知识渊源(Kelle,2007;Star,2007;Strubing,2007)以及社会工作专业都是高度亲和的,三者关系非常密切。采用实用主义的框架意味着你不必选择任何一方,而是可以使用任何一种对特定研究项目最有效的模式和技术。当这样做有效时,研究者也可以选择"好像"存在一个客观现实(Tashakkori & Teddlie,

1998)。对社会工作领域的研究者来说,实用主义模式通常是一个不错的选择,他们往往对项目本身更感兴趣,而不是抽象的哲学辩论(Padgett,2004,2008)。在我看来,哈特曼(Hartman,1990)有关"多种认知方式"的立场在今天仍然站得住脚。我们需要各种各样的知识,而关于哪种方法"最好"的无休止的辩论通常是没有成效的。在某些情况下,从实用主义的角度来看,实证主义(或后实证主义)的观点可能对该专业有所帮助,如在检验干预的有效性(effectiveness of interventions)时。作为一个对案主、社区和同事负责的实践领域,一个不允许"现实"存在的认识论立场可能并不会被认为符合我们的专业责任。同样,认为研究者不能保持客观的观点可能非常具有吸引力,但与潜在资助者或政府机构(以及第三方付款人)的世界观不符。幸运的是,扎根理论可以根据具体情况使用不同的假设。

本章小结 24

在本章中,我认为社会工作者应该探索扎根理论研究。虽然扎根理论并不新鲜,但我感觉它在社会工作领域还没有充分发挥其潜力。这是因为扎根理论经常被误解,而且许多所谓的扎根理论研究也从来没有真正生成过理论。然而,理论生成是扎根理论在社会工作领域具有巨大潜力的主要原因。我们需要的中层理论,正是扎根理论能够提供的基于经验的理论。虽然有些人认为我们并不需要理论(Thyer,1994,2001),但我认为这是因为目前在该领域中被广泛运用的理论在实践情境中往往并没有起到多大作用。相比之下，直接从实践情境中生成的理论对实务工作者来说是非常有价值的。当我们试图提出基于理论的干预措施时，我们需要的是可以直接适用于实践情境的理论。我认为，扎根理论恰恰为这类理论提供了希望。就像儿童故事《金发姑娘》(Goldilocks)一样，运用扎根理论方法生成的理论不会太抽象，也不会太具体，而是"恰到好处"。

与其他定性研究模式相比，社会工作者会发现对扎根理论非常熟悉。就像社会工作一样，当扎根理论用于关注"人在情境中"的问题时，效果最好。社会工作者已经习惯了符号互动论的术语，而扎根理论也同样立足于此。此外，扎根理论以实用主义为基础这一事实也十分契合社会工作专业。我希望本书能够激发社会工作研究者认识到扎根理论方法的潜力。

早在我开始在自己的研究中探索定性方法之前，我就无意中发现了一项扎根理论研究，这项研究对我产生了深远的影响。在获得博士学位之前不久，我被诊断出患有慢性病(chronic illness)。几年后，我无意中发现了施特劳斯及其同事撰写的一本书，其中有一章是施特劳斯的学生卡罗琳·维纳(Carolyn Wiener)写的(Wiener, 1984)。虽然我当时并没有意识到，但它实际上就是对我自己所患疾病的一项扎根理论研究。当我读到这一章时，我简直喘不过气来！其中描述的完全就是我自己的经历。这项研究描述了我每天的生活是什么样的——我面临的挑战是"平衡希望与恐惧"——以及我使用的策略,如"掩饰"(covering up)、"维持"(keeping up)和"神经质地走来走去"(pacing)。这些都是我做过的事情,但从来没有和其他 25
人讨论过,当然也从来不希望会在一项研究中被描述出来!我喜欢这项扎根理论研究的另一个原因是,"受访者"(如"病人")的声音被听到了,他们的观点得到了重视,而且可能对我来说最重要的是,他们被呈现出来(的形象)是积极的问题解决者,而不是我在医疗情境中体验到的服务的被动接受者。虽然直到多年后,我才将自己的注意力(无论是研究,还是教学)从定量方法转移到定性方法,但我依然认为,正是因为认识到维纳抓住了我个人经历的本质,才最终激发了我对学习和实施扎根理论研究的渴望。

我喜欢做扎根理论研究,我的目标是与其他社会工作研究者分享我的这份热爱。扎根理论处于喧嚣的实践世界与更抽象的思想世界之间。扎根理论允许你在抽象层次上创造性地思考,但它也要求你回到现实世界中调整你的理论,使理论更好地适用于实践世界。生成各种想法既刺激又有趣(虽然很难!),而且看到它们如何被用来改善实践也非常令人高兴。将社会激进主义与研究和理论结合起来的亚当斯曾经说过,"是思想塑造了人们的生活〔原文如此〕"(Knight,2010,p.140)。还有什么能够比在思想与实践之间自由舞蹈更好的呢?

推荐练习

1. 阅读社会工作扎根理论研究的三个范例。思考如何将它们各自生成的中层理论运用于社会工作实践或教育。

2. 思考一个你感兴趣的研究主题。尝试使用符号互动论的术语和假设来描述该研究主题。你能否辨认出人类"行动者"? 行动? 互动? 角色? 你能够运用由个体与他/她的社会世界之间的互动所塑造出来的"自我"来描述这个主题吗?

3. 在社会工作扎根理论研究的三个范例中找出扎根理论的主要组成部分。将它们与你感兴趣的研究领域中的定性研究进行比较。二者有何不同?

4. 在你感兴趣的研究领域中找一篇文章,用扎根理论来描述它的方法论。思考作者使用了扎根理论方法的哪些主要组成部分。你认为"扎根理论"一词准确地描述了该研究的方法论吗?

26

准备开始

第一章是关于扎根理论的概述，包括其历史、符号互动论基础及其对当前社会工作的价值。本章将重点讨论的是，对你的研究而言，如何确定扎根理论是不是一种合适的研究策略。首先，本章将简要讨论何时定性研究方法（如扎根理论）是最有帮助的。其次，进一步描述上一章介绍的扎根理论的基本特征和主要组成部分。本章讨论在使用扎根理论时如何运用这些组成部分，以及扎根理论的各种特征如何影响问题的提出与研究设计，还运用三个社会工作扎根理论研究范例来说明这些特征和主要组成部分。最后，本章讨论了扎根理论研究中研究计划（research proposals）的制订。

确定你的研究是否适合定性研究

如果一个研究问题不适合定性研究，那么开展扎根理论研究就不是一个好主意，因为扎根理论本身就是一种定性研究方法。扎根理论与其他定性研究传统有许多共同特征。因此，决定是否

使用扎根理论的第一步是，确定该研究是否适合采用定性研究方
28 法。很多时候，当我的学生提出的研究问题不适合扎根理论时，往
往并不是因为扎根理论本身有什么特别之处，而是因为他们提出
的问题不适合定性研究。许多关于定性研究的优秀资源阐明了适
合开展定性研究的研究问题类型（Creswell，2007；Maxwell，
2005；Padgett，2008）。本章将先对其中的几个进行简要呈现。

专栏 2-1 基于帕吉特（Padgett，2008）的观点列出了适合选
取定性方法的条件（我在帕吉特的列表中又增加了第 7 个条件）。

专栏 2-1 合适的定性研究目标

1. 这是一个鲜为人知的话题；

2. 具有敏感性和情感深度的话题；

3. 从生活体验者的角度探讨"生活体验"，并从中创造意义
的研究；

4. 了解实践、项目和干预措施中的"黑箱"（"black box"）
的研究；

5. 了解出乎意料的定量研究结论的研究；

6. 将倡导与研究结合起来的研究；（上述六点引自
Padgett，2008，pp.15-16）

7. 对复杂社会过程的研究。

约瑟夫·亚历克斯·马克斯威尔（Joseph Alex Maxwell）区分了过程问题（process questions）和差异问题（variance questions）（Maxwell，2005），并认为定性研究特别擅长处理过程问题。这些问题主要探索社会过程是如何运作的，而不是试图确定因果关系（causality）。那些侧重解释差异而不是探索过程的研究问题，可能并不适合开展定性研究。如果你的研究问题是关于用一个变量解释另一个变量的差异问题，那么你的研究就根本没有过程问题（Maxwell，2005）。虽然运用定性方法探讨因果问题的能力仍然存在争议（有关讨论参见 Miles & Huberman，1994），但我发现马克斯威尔对过程问题和差异问题的区分非常有用。接受过定量方法训练的学生在开始做定性项目时，往往会提出差异问题。因此，在决定使用哪一种定性方法之前，你需要学习如何提出一个恰当的定性研究问题。

虽然目前人们对干预研究有着浓厚的兴趣，但开展定性研究（包括扎根理论）并不是确定某一特定干预措施是否"有效"的恰当方法。这是一个差异问题。在循证实践领域，好的定性问题可能会描述干预的过程，接受干预的个体的经验，提供干预的工作人员的经验，案主或工作人员在引入干预时使用的策略，或者机构接受或不接受采取新的实践方式带来的压力情况。定性研究还可以探讨从业者如何看待机构鼓励使用循证干预措施的举措，或者机构反对采用这类干预措施的策略。用帕吉特的话来说，定性研究可以有效地探讨某项干预措施的"黑箱"（见专栏 2-1 的第 4 点），或者一名定量研究者通过随机对照试验（randomized controlled trial）了解到某项干预措施并没有达到预期效果，可能也会采用定性策略来探讨这一措施为什么没有达到预期效果（见专栏 2-1 的第 5 点）。

评估潜在的偏见

一旦你有了一个合适的定性问题，你就需要考虑这对你而言是不是一个好的项目。一些定性项目提出了好的问题，但可能由于潜在的研究者偏见（bias of researchers）而不适合某个特定的研究者（Padgett，2008）。在判断任何潜在的定性研究项目时，无论它是否为扎根理论，都有必要考虑其中可能存在的偏见来源。在所有的定性项目中，能从受访者角度看世界很重要。研究者需要考虑他们的背景，以及这些背景可能会如何帮助或阻碍正在进行的研究。当你拥有与自己的研究主题所在领域相关的个人生活经验或专业经验时，你更有可能理解受访者的经验。然而，这也可能会使得你与研究主题之间的关系过于紧密（参见 Padgett，2008，pp.20-21），以至于无法跳出自己的经验来看待它。例如，如果一位研究者对某个主题拥有非常鲜明的观点，或者如果某项研究有可能会唤起研究者过去的痛苦体验，那么研究者的注意力就有可能会从受访者身上转移出来（这个问题将在"理论敏感性"一节中作进一步讨论）。

定性研究者在提出一项研究计划时，还需要考虑存在受访者偏见(respondent bias)的可能性(Padgett,2008)。例如,当研究者正在研究一个具有强烈意识形态或世界观且不公开阐释的项目,如匿名戒酒者协会(Alcoholics Anonymous)项目。研究者可能很难进入这一社会过程,因为项目本身就向参与者提供了对其自身经验的特定解释[例如,在匿名戒酒者协会的例子中,"这就是发生在你身上的事情,因为你还处在第一步(Step One)①"]。在进行访谈时,研究者可能会从项目参与者那里听到这种解释(关于"受访者偏见和研究者偏见"问题的进一步讨论,请参见第五章)。图2-1说明了选择扎根理论方法的早期步骤。

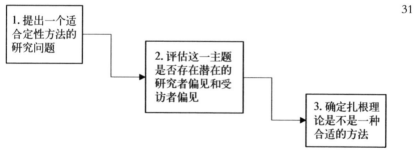

图2-1　选择一种合适的方法

确定你的研究项目是否适合扎根理论

一旦你拥有一个合适的定性研究问题和一个相对不受研究者偏见与受访者偏见影响的研究主题,你就可以考虑扎根理论是否

---

①　匿名戒酒者协会有一个"十二步骤法",其中第一步是"我们承认,在对待酒瘾的问题上,我们自己已经无能为力——它使我们的生活变得一塌糊涂"。——译者注

适合你的项目了。正如上一章所讨论的,扎根理论具有独特的历史、目标以及一系列方法。一些研究主题和方法更适合开展扎根理论而不是其他方法。本节主要说明扎根理论的核心特征可以如何帮助你确定扎根理论是不是一个好的方法选择,或者另一种定性方法是不是可能更适合你开展的特定研究(见专栏2-2)。

32

专栏2-2 扎根理论研究设计的选择

- 你的目标是生成理论吗?

- 你的问题符合符号互动论的假设及其分析标准吗?

- 你能使用扎根理论的主要组成部分来完成一个多阶段过程吗?

  - 随着时间的推移,你还会去接触研究对象群体吗?

  - 你能接触到具有不同特征的研究对象群体吗?

  - 你的时间规划是否足以达到理论饱和?

- 你的性格符合扎根理论模式吗?

本节将回顾所有这些特征,讨论它们如何影响扎根理论方法的选择,并运用三个社会工作扎根理论研究范例来加以说明。

理论生成的目标

正如第一章所讨论的,扎根理论研究的目标是生成中层理论。对社会工作而言,合适的领域是那些与该专业相关的领域,而这些领域要么几乎没有什么理论生成,要么现有理论过于抽象,对社会工作者来说没有实际用途。例如,社会工作专业中新出现的群体或问题领域通常都非常适合开展扎根理论研究。如果你的目标不是生成理论,那么其他定性研究模式可能会更适合你的研究。例如,如果你的目标是描述一种文化、一个社区或一个大型的复杂系统,那么民族志可能会更符合你的需要。如果你的目标是讲述一个受访者的故事或者深入探讨特定生活经验的意义形成过程,那么叙事研究或现象学的相关技术可能更合适。我出于教学目的夸大了这些方法之间的区别,但事实上,不同方法之间的这些区别往往有些模糊。

由于扎根理论研究的目标是生成理论,因此,在一个有较强理论共识的领域开展研究,运用扎根理论方法可能并无助益。对社会工作而言,许多领域已经有较为成熟的理论,即使是好的案例也不适用于开展以生成理论为目标的研究。有时候,研究者可能一开始会认为他们想要生成理论,但当真正开始这个项目时,就会很明显地发现他们无法跳出该领域现有的理论模式。例如,如果你的研究主题是精神疾病领域,并且你已经接受过诊断框架的训练,那么你的扎根理论研究可能只是重新创建现有的诊断框架(诊断框架也会出现问题,因为它是基于人类行为的医学模型。参见下文关于符号互动论的讨论)。

三个扎根理论研究范例都有生成理论的目标。

范例 1:在"儿童性虐待中的母亲支持"(maternal support in

33

child sexual abuse)这一研究(Alaggia，2002)中，阿拉吉亚声称，她使用扎根理论方法是基于"儿童性虐待中的母亲支持"这一领域缺乏相应的理论。她指出，儿童性虐待的文献表明目前缺乏明确严谨的"母亲支持"概念。此外，现有为数不多的母亲支持措施也并没有建立在扎实的理论理解之上。"诸如扎根理论方法之类的定性方法能够适用于家庭内儿童性虐待这类复杂情境中涉及的非线性联系和动态过程。此外，扎根理论超越了对受访者经验的描述，从而得以生成一种能够解释所研究现象的理论。"(作者提供的引文)(Alaggia，2002，p.43)

范例2：安德森和丹尼斯(Anderson & Danis，2006)针对受虐妇女成年女儿的研究也有其生成理论的目标。作者指出，"以往的研究和理论建构不足以对那些用来检验抗逆力的假设作出详细说明"(Anderson & Danis，2006，p.420)……"目前缺乏一种抗逆力理论或对有意义结构的描述，可用于将各种关于风险因子和保护因子的研究整合为一个连贯的整体"(Anderson & Danis，2006，p.421)。她们批判有关抗逆力的研究都未能确定"抵抗童年时期压迫的策略会如何形成抗逆力"(Anderson & Danis，2006，p.421)。她们的目标是生成理论，因为她们认为，并不是这个领域的所有概念都得到了准确界定。她们还展示了理论可以如何改善社会工作实践。"由于人们对这一领域知之甚少，所以这些研究结论可能对于社会工作实务工作者，以及那些遭受家庭暴力(domestic violence)并有可能接受社会工作服务的个体,都具有重大的理论和实践意义"(Anderson & Danis, 2006,p.422)。

范例3:与其他例子一样,殷妙仲对跨文化社会工作实践中文化张力的研究(Yan,2008a)也始于一个明确的立场,即这一领域迫切需要理论。"从概念上来讲,仍然缺乏一个理解跨文化社会工作实践中文化张力的完整框架。"(Yan,2008a,p.319)殷妙仲在结论中还将自己的理论发现与社会工作实践联系在一起,"为了更好地处理文化张力问题,社会工作专业需要实现理论与经验证据之间的衔接"(Yan,2008a,p.327)。

符合符号互动的概念

扎根理论是在符号互动论基础上发展起来的,旨在研究个体与社会环境之间的互动。这并不是说,其他定性方法不适合研究这类问题,而是说扎根理论在这一分析层次的研究中是最好的选择。例如,对理解那些正在适应全新社会环境的个体〔如移民、刚刚被诊断出患病的个体,或社会地位发生变化(向上或向下的社会流动)的个体〕来说,扎根理论可以是一种很好的方法。在某种程度上,早期芝加哥学派的研究主要关注那些在社会中被定义为"越轨"的群体,如那些带有污名化身份的群体(Goffman,1963)。施特劳斯和格拉泽最初的研究对象是医院里的临终患者(Glaser & Strauss,1965,1968)。施特劳斯后来与以前的学生合作,研究慢性病患者(Strauss et al.,1984)。施特劳斯和科宾探讨了严重慢性病患者的照顾者所扮演的角色(Corbin & Strauss,1988)。卡

麦兹的工作是研究严重慢性病患者的"自我"是如何演变的
（Charmaz，1993）。所有这些研究都侧重于"自我"与社会环境之
间的互动。

　　由于扎根理论是建立在符号互动论基础之上的，那些无法在
"人在情境中"这一中观层次表述的问题，可能不太适用扎根理论
技术。例如，一个不包含社会构成要素的问题可能很难使用扎根
理论，因为在涉及生理或内部心理过程方面，人们并不一定是好的
信息提供者。当然，研究他们对这些过程的想法，以及这些过程在
社会互动中是如何形成的，扎根理论绝对是合适的。扎根理论方
法可能无法在运用医学模型的领域产生效果，这不仅是因为该领
35　域已经形成的共识（前面已经讨论过），还因为在这些模型中，人并
没有被看作一个为实现目标而采取行动的个体。相反，重点可能
是诊断特征以及对个体所做的事情，例如，在干预过程中，个体基
本上是被动的。另一个例子是在一个具有强烈心理学取向的领域
开展的研究，比如基于个人发展阶段的模型。可参见威尔斯
（Wells，1995）关于这个问题的精彩讨论。

　　三个扎根理论研究范例都聚焦了一个很容易使用符号互动论
概念加以描述的问题。

　　范例 1：阿拉吉亚的研究重点清晰地反映了符号互动论的视
角。"探究对行为和情感反应产生影响的广泛领域包括关系问题
（例如，母亲和孩子的关系，母亲与其伴侣的关系）、文化和宗教的
作用、（过去的和现在的）原生家庭的动态、对自我和自尊的看法，

以及社会支持的可用性"（Alaggia，2002，p.43）。

范例2：在辨明她们的研究时，安德森和丹尼斯反对医学模型及其对虐待幸存者的诊断标签。她们拓宽了抗逆力的传统定义（即身处逆境的生存能力），将个体为了保护自己免受压迫而发展成为一种手段的个人力量也囊括了进来。针对施虐者的压迫，她们对积极采取抵抗策略的关注，清楚地反映了一种符号互动论的世界观。

范例3：当殷妙仲阐述其目标为"解释真实的社会过程"（Yan，2008a，p.319）时，他就运用了符号互动论的视角。他的研究重点是"社会工作者及其文化是如何与来自不同文化的案主打交道的"（Yan，2008a，p.319）。

理论敏感性

理论敏感性是研究者选择一个适合开展扎根理论研究的主题时需要考虑的另一个重要因素。理论敏感性在某种程度上是基于研究者根据自己在某一领域的个人和专业经验而对研究形成的理解。研究者需要从潜在的研究者偏见（前面已经讨论过）的角度来探讨理论敏感性，他/她同时也需要评估潜在的理论偏见。研究者的理论敏感性不仅指研究者理解被研究的人和情境的能力，还指他/她在这一领域发展出有意义的理论的能力。格拉泽和施特劳斯（Glaser & Strauss，1967）认为，研究者应该"保持敏感"，也就是说，能够"产生一个有意义的画面"，并且能说明理论，以便读者能够将它与自己的经验联系起来。在《扎根理论的发现》中，格拉

36

泽和施特劳斯(Glaser & Strauss，1967)指出，社会学家只有对社会学理论足够熟悉，才能对研究的理论维度变得"敏感"。格拉泽(Glaser，1978)和施特劳斯(Strauss，1987)后来都对那些声称使用了扎根理论，但实际上从未真正生成理论的研究提出了批评，并试图提高研究者的能力，让他们看到自己研究中更为广泛的维度。

识别与研究相关的理论概念和理论解释是扎根理论研究的一个核心组成部分。为了探索你带入到某项研究中的理论敏感性，有必要检查一下你对研究问题的理论性理解。有时，社会工作研究者并没有意识到他们自己固有的理论假设。

扎根理论要求研究者以相当开放的心态进入研究。虽然经典的扎根理论模式与较新的建构主义模式之间存在一些差异（参见第一章中的讨论），但在所有模式中，研究者在与资料互动过程中抛开自己最初的观点，并对证据保持开放态度的能力至关重要。为了尽量减少研究者偏见，我鼓励我的学生选择一个他们真正感兴趣的研究问题，而不是选择一个他们认为自己已经知道答案的问题。

三个扎根理论研究范例都说明了将理论敏感性引入研究的概念，包括个人背景、专业背景和理论背景。

范例1：阿拉吉亚(Alaggia，2002)将自己有关研究对象群体的强大临床背景融入研究中。她说道，"本研究的设计灵感来自研究者为性虐待儿童家庭开展的临床工作，为性虐待青少年治疗小组提供的协助，以及为童年时期曾遭受性虐待的成年人提供的咨询服务"(Alaggia，2002，p.44)。此外，她是在文献综述的基础上提出抽样策略的；文献综述表明，在儿童性虐待个案中，母亲支持是重要的。她的研究设计包括获得较多母亲支持和较少母亲支持的案例。

范例 2：安德森和丹尼斯基于抗逆力理论建构了她们的研究框架。在开展受虐妇女的女儿这一研究之前，安德森曾经对那些在儿童时期经历过乱伦的妇女的抵抗策略进行了扎根理论研究。在其著作《提升家庭暴力幸存者的抗逆力》(*Enhancing Resilience in Survivors of Family Violence*)(Anderson，2010)的序言中，安德森描述了 20 世纪 80 年代她在一家乡村心理健康中心开展儿童性虐待个案的背景，指出这一专业领域关注的是将受害情况作为个人身份的核心，而不是在他们身上发生的事情。正是这一社会工作实践经验，才使得她对现有关于家庭暴力幸存者的创伤和康复理论提出了挑战。丹尼斯讲授"当代家庭暴力问题"这门社会工作专业课程的经验也使得她对当前的理论提出了质疑。

范例 3：殷妙仲也在自己的研究中融入了个人和专业经验。在他的论文(Yan，2002)中，他将自己描述为"生活在多元文化背景下的中国移民"(Yan，2002，p.3)，这也是他的范例论文的基础。他还描述了不同文化视角对他作为社会工作者经验的影响。"与许多来自非西方文化背景的社会工作者一样，我质疑某些社会工作的价值观和原则[如个别化原则和保密(confidentiality)原则]的文化适用性，以及它们如何损害了我从家庭中继承的一些普遍价值观"(Yan，2002，p.4)。殷妙仲(Yan，2008a)的文献综述表明，他熟悉社会学理论(如组织社会学)、社会工作专业的历史和职业道德。他还对跨文化问题，尤其是西方和非西方世界观之间的冲突有非常广泛的理解。

有机会实施一个包含扎根理论主要组成部分的多阶段过程

扎根理论研究基于一个包含着理论抽样、不断比较以及理论饱和的多阶段溯因过程(multistage abductive process)。要做到这一点，扎根理论研究者必须随着时间推移不断收集资料(情境和研究对象群体)，这样就可以建构扎根理论的迭代过程(iterative process)。扎根理论研究者需要在资料收集和资料分析之间不断来回穿梭，以便在新想法(新假设)出现时，可以收集更多的资料来深入探索它们，并检验它们是否成立。如果你只能在某一个时间点[例如，焦点小组(focus groups)研究]收集资料，那么扎根理论技术的应用可能非常困难。

不断比较分析

扎根理论方法的一个重要特征是，研究者收集一些资料，进行比较以生成概念，然后收集更多的资料来进一步发展概念，并同时对它们加以检验。通过案例(无论是有关个体的案例，还是基于组织或更大结构的案例，如社会)之间的比较，研究者开始发展出"概念"。概念的范畴是基于案例之间相似性和差异性的不断比较来加以说明和描述的(关于如何做到这一点的更多描述，参见第三章和第四章)。

理论抽样

最初,扎根理论研究使用的抽样策略与其他定性研究所使用的抽样策略是相似的。例如,方便抽样(convenience sampling)在扎根理论研究初始阶段很常见。如果研究的是"隐蔽性"群体,"滚雪球"抽样("snowball" sampling)可能会在扎根理论研究的早期阶段使用。当目标是最大化初始样本的差异时,"立意抽样"("purposive sampling")也适用于扎根理论研究的初始阶段。然而,随着研究的不断推进以及核心概念的确定,理论抽样的运用就会越来越频繁。

在扎根理论中,抽样框架不能预先确定。因为这样做形成的样本可能无法促进新理论的生成。例如,如果你事先决定,自己的研究样本在公共情境和私人情境中的社会工作者人数相等,那么你的资料就会使你专注于情境而非它是公共的还是私人的,最终你可能会因为早期的抽样决定而无法充分生成理论。使用这种预先确定的抽样策略,很难避免围绕公共与私人之间的区分来组织你的理论(有关于此的一个好例子,参见 Hood,2007)。

在扎根理论研究中,不断比较和理论抽样紧密结合。在运用这两种方法时,你不仅需要持续收集资料,而且需要一个具有不同特征和较大差异的样本。这样随着理论的发展,你就可以探索概念的重要维度、属性以及概念之间的关系。

39

理论饱和

理论饱和意味着"社会学家再也找不到能够从中发展某一范

畴属性的新资料"(Glaser & Strauss，1967，p.61)。也就是说，研究者必须能继续开展研究，直到理论与资料之间达到匹配。基于此，很难预测开展一项扎根理论研究需要花费多长时间。格拉泽和施特劳斯意识到，一项研究可能会一直进行下去而不会达到饱和，因此他们只要求核心范畴达到饱和。即便如此，在理想的情况下，扎根理论研究者也需要有一个相当开放的时间规划。如果你在严格的时间限制下工作，就有可能难以实现理论饱和的目标。

三个研究范例说明了如何利用扎根理论的主要组成部分来完成多阶段的研究过程。

范例 1：阿拉吉亚的研究采用了一个多阶段过程，在她的分析中包含不断比较分析（constant comparative analysis）、理论抽样和理论饱和等。她同时进行了资料收集和资料分析，这是扎根理论的特征。"通过归纳和演绎，以及在较高的母亲支持和较低的母亲支持之间进行不断比较，扎根理论方法被用来生成各种假设"(Alaggia，2002，p.43)。她写道，"按照扎根理论方法，我们采取了理论抽样，即根据不断变化的变量，如母亲支持水平、母亲受虐史、与施虐者关系的性质、种族关系等，每次选择两到三名受访者"(Alaggia，2002，p.43)。最后，她指出，"在完成十名受访者的访谈和分析后就达到了饱和，此时已经收集了大量资料"(Alaggia，2002，p.45)。

范例 2：安德森和丹尼斯的研究（Anderson & Danis，2006）也使用了一个多阶段的扎根理论过程，而且运用了不断比较、理论抽样和理论饱和等方式。她们从"最初的立意抽样标准"（资格）开始，然后是

理论抽样。"随后的理论抽样是基于代码范畴的饱和度、与新理论的 40
相关性,以及新增的视角变化(例如,样本在施虐者特征方面的多样
性)等定性标准。"(引文)(Anderson & Danis,2006,p.422)

范例 3:殷妙仲关于跨文化社会工作的研究(Yan,2008a)明
确使用了不断比较的方法。"本研究在编码、问题聚焦和理论建构
等过程中,都运用了不断比较的方法对资料进行分析……在本研
究中,由于抽样焦点在循序渐进地发生变化,因而不仅在不同访谈
之间进行了比较,而且在不同阶段收集的资料之间进行了比较"
(Yan,2008a,p.330)。殷妙仲还描述了他是如何将三轮理论抽样
整合起来的。"在每一轮理论抽样中,为了对新出现的理论进行检
验,不同的变量——特别是民族-种族背景、实践领域和性别——
被用来作为招募参与者的标准"(Yan,2008a,p.319)。殷妙仲的
论文中包含一个如表 2-1 这样的表格,用来展示他对理论抽样的
运用。

表 2-1 理论抽样的示例   41

实 践 领 域	自 我 认 同
第一轮	
医院	犹太裔加拿大人,白人
康复机构	乌克兰裔加拿大人,白人
儿童康复机构	高加索人,英属魁北克人
医院	德国血统的加拿大人
精神卫生机构	来自纽芬兰的高加索人
医院	犹太裔加拿大人,白人

续　表

实 践 领 域	自 我 认 同
第二轮	
青年康复机构	非裔加拿大人
社区机构	斯里兰卡泰米尔人
儿童保护	华裔加拿大人
就业服务	牙买加人
安置服务	南亚裔加拿大人
儿童心理健康	华裔加拿大人
医院	印第安人
私人康复服务	华裔加拿大人
家庭服务	伊朗裔加拿大人
儿童保护	非裔美国人
第三轮	
儿童教养院	苏格兰血统的白人
安置服务	苏格兰血统的白人
儿童保护	西班牙语系移民
心理健康	伊朗裔基督徒
养老院和儿童保护	白人（盎格鲁-撒克逊血统）
儿童保护	印第安人
社区健康	伊朗裔加拿大人
精神残疾	意大利裔加拿大人
社区儿童心理健康	葡萄牙裔加拿大人
创伤妇女日间项目	葡萄牙裔加拿大人
男子对妇女实施暴力	拉美裔美国人
社区卫生	加勒比人
儿童康复院	意大利人
医院	智利裔加拿大人

（来源：Yan，2008）

　　殷妙仲在他的论文（Yan，2002）中展示了不断比较、理论抽样以及理论饱和是如何指导研究开展的。他描述了自己是如何基于

第一轮参与者之间的比较来发展初始编码方案的。"随着第二轮
参与者的更多信息被收集和编码,第一套编码方案被修订。同样,
基于对第一轮和第二轮资料的不断比较,新的编码方案得以制订,
并通过第三轮的资料收集再次进入比较的过程,这次并没有对编
码方案进行任何重大修改。相反,大多数范畴由于新增加的信息
达到了饱和"(Yan,2002,p.71)。

你是否拥有适合开展扎根理论研究的性格

在结束本节之前,我还为准备使用扎根理论的研究者增加了一
项考虑。某些个性特征被认为是任何类型的定性研究都需要的,如
灵活性、自我反思,以及运用循环的、非线性的方式开展工作的能力
(Padgett,2008,p.18)。所有这些在扎根理论研究中也同样非常重
要。除此之外,我还想增加对概念式思考的兴趣,享受思维的狂欢,
对不确定性的容忍,以及愿意对自己的想法进行检验并放弃那些不
被支持的观点。我怀疑自己的性格就是我喜欢扎根理论方法的一
个重要因素。根据迈尔斯-布里格斯人格类型测验(Myers-Briggs
Type Indicator),我是一个具有内向、直觉、思考和认知等性格的人
(Quenk,2009)。我的性格类型(INTP)被描述为一个思想家,喜欢
界定概念,喜欢识别模式、原因和结果,并将事情置于更广阔的背景
中。所有这些特点在扎根理论研究过程中都非常重要。作为一个
内向的人,我很乐意花费大量的时间在资料上。在这个类型中,直
觉意味着关注更广泛和抽象的模式而不是细节。思考则意味着我
更关注认知方面,而不是情感方面。作为一个"认知"型而不是"判

42 断"型的人,我很容易就放下最初的想法,推迟决定理论的最终方案,并且始终愿意继续寻找更好的方式(这一特点会让与我有着不同性格的同事和学生感到非常沮丧)。我也意识到,这些性格特征也可能会对我的研究产生不利影响。虽然我不了解这方面的研究,但我认为,有很多人会觉得扎根理论方法令人感到非常沮丧。

将一个有问题的想法重新塑造成一个合适的扎根理论设想

当提出的研究似乎不符合上面讨论的扎根理论的特征时,通常可以通过重塑研究问题,从而使其能够成功地适用于扎根理论方法。有些时候,一个存在争议的研究问题可以通过重新修改来避免潜在的问题。专栏2-3提供了一个项目想法的例子,该项目始于一个不恰当的研究问题,并且很有可能存在研究者偏见。

专栏2-3 一位学生研究问题形成的例子

我的一个学生来找我,想做一项关于同性恋育儿问题的研究。她是同性恋,而且正在考虑自己要个孩子。经过一些讨论,非常明显的是,她做这项研究的目的是试图证明同性恋伴侣可以成为称职的父母。在这种情况下,研究问题并不是一个真正的"问题",因为这名学生已经非常确定她知道问题的答案。她并没有带着不同的观点来研究这个问题。除了缺乏开放的心态,她的问题还表明了定性研究并不是恰当的方法,因为这是一个"差异"问题。此外,扎根理论更是一个特别糟糕的选择,

---

续

因为她很可能无法从资料中生成理论,而且可能会将自己固有
的观点强加于资料。

我帮助她改变了主题的重点,以使其更符合扎根理论模
式。她最终完成了一项杰出的项目,是关于女同性恋伴侣在决
定是否要孩子过程中的体验。

在某些情况下,可以改变所提出项目的方法论,以解决潜在的
问题。例如,如果研究设计包含长期参与(prolonged engagement)
(即研究者在很长一段时间内参与其中),那么在具有强大解释性框架
的背景中使用扎根理论遇到的问题就有可能被克服。有一个例子是, 43
在某项研究中,研究者在相当长的一段时间内对一名接受了 12 步康
复项目(twelve-step programs)的受访者进行了三次访谈。在研究的
后期,受访者看了一段她积极参与该康复项目时接受的访谈,并告诉
研究者,"真不敢相信我和你完成了这段旅程!"由于研究者在整个过
程之中和之后都与受访者在一起,所以她能够获得一个有效的"内部
视角",包括受访者对她自己在康复项目中个人经历的看法(在研究设
计过程中建构可以处理潜在问题的机制的相关讨论,参见第五章)。

当研究者想要使用扎根理论方法,但无法满足本章描述的各
种标准时,另一个选择就是尽可能多地使用扎根理论的过程(关于
扎根理论的修正模式,以及扎根理论与其他定性和定量方法相结

合的模式的讨论，参见第六章）。

设计一项扎根理论研究

虽然许多优秀的著作对扎根理论研究新手而言是有用的，但其中很少有与研究设计以及计划发展相关的内容（Birks & Mills，2011；Charmaz，2006；Corbin & Strauss，2008）。在芝加哥学派的模式中，研究者不用做过多准备就可以去探索感兴趣的领域［"把脚打湿"学派（"get your feet wet" school）①］。如今，几乎没有研究者能够如此自由地"投入其中"（jump in），而一项极具影响力的研究建议表明，清晰的研究设计至关重要。幸运的是，在设计一项扎根理论研究时，研究者可以修改那些原本是为一般定性研究开发的模式。例如，我建议我的学生采用马克斯威尔（Maxwell，2005）的模式。该模式由两个连接的三角形组成（见图 2-2）。

44

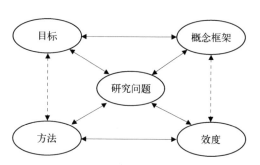

图 2-2　马克斯威尔的定性研究设计模式

（来源：Maxwell，2005，p.5）

---

① 意为"不要想太多，也不需准备什么，直接进入到田野中"。——译者注

上面的三角形由三个部分组成:"目标"、"概念框架"(conceptual framework)和"研究问题"。下面的三角形将"研究问题"与"方法"和"效度"(trustworthiness)连接了起来(本章将讨论前四个组成部分,有关效度的讨论参见第五章)。马克斯威尔称他的模式是"互动的",因为每个组成部分都会对其他组成部分产生影响,而且各个组成部分必须紧密结合在一起。由于定性研究会随着研究进展而发生变化,当其中任何一个组成部分发生变化时,研究者都需要返回到最初的模式中并调整其他组成部分,以便重新建立良好的"契合度"。虽然马克斯威尔模式的创建并没有考虑到扎根理论,但其中的每一个组成部分都适用于扎根理论研究。一项扎根理论研究计划应该包括以下几个部分:(1)研究目标;(2)概念框架;(3)研究问题;(4)方法;(5)关于伦理和效度问题的讨论(见专栏2-4)。[本书没有讨论扎根理论中的伦理问题(ethical issues),因为它们在本质上与所有的定性研究是一样的。建议读者通过阅读一些相关的定性研究著作,如帕吉特(Padgett,2008)和马克斯威尔(Maxwell,2005)的相关讨论,来了解需要考虑的伦理问题。]

45

专栏 2 - 4 扎根理论研究计划

- 研究目标
- 概念框架/理论敏感性
  - 个人经验

续

- 专业经验
- 相关理论
- 文献综述
- 方法
- 效度和伦理考量

研究目标

研究目标或目的说明了研究的重要性。许多可能的研究问题很有趣，但并不重要，也不值得花费时间、精力和成本去开展研究。在研究计划中，"目标"部分说明了为什么这项研究值得做、值得资助或值得阅读。帕吉特（Padgett，2008）称之为"那又怎样？"（so what?）的问题，并且强调研究者有责任为研究提供理由。目标能为研究提供正当性的理由，并驱动研究设计的所有要素。

在社会工作领域，研究目标通常与社会工作实践中的问题有关，但其他因素（如资金来源、职业机会等）也可能会对其产生影响。一项扎根理论研究还应该有提出或生成理论的目标。研究者应该证明选择扎根理论方法的合理性，因为该领域需要理论。在社会工作研究中，重要的是，要清楚地表明理论生成能如何帮助社会工作者或政策制定者。

概念框架

"概念框架"与扎根理论研究中的"理论敏感性"这一概念非常

相似,包括研究者关于某一议题的个人或专业经验、相关理论和研究综述(文献综述)。

个人和专业经验

在扎根理论中,你自己的个人和专业经验是"理论敏感性"的一个重要组成部分,有助于增进你对问题的理解,并提高你理解资料的能力。它也可能成为研究者偏见的来源之一(参见第五章)。我强烈建议撰写研究者身份备忘录(researcher identity memos)(Maxwell,2005)。这不仅仅是简单地描述自己的背景,还要求你考虑这些背景如何影响你对研究问题的思考。马克斯威尔(Maxwell,2005)提供了这类备忘录的几个例子。

相关理论

在"概念框架"这一部分中,你提出的理论观点也代表了自己的世界观。回顾相关理论(或概念模式)可以增加你对研究中可能出现的重要理论概念的认识,进而提高"理论敏感性"。这对社会工作研究者来说尤其重要,因为他们往往并不精通社会科学理论。这意味着,当你在分析资料时,你不太可能看到它与理论之间的关联,从而导致形成不太抽象的理论。在扎根理论研究中非常重要的一点是,不要让回顾理论观点或模式这项最初的工作蒙蔽或干扰你在研究进程中看待资料的新方式。保留你回顾的所有理论或概念,以便在你进行资料收集和分析(data gathering and analysis)时可以根据需要提取它们,但要避免与其中的任何理论或概念直接关联。

随着研究的推进,很有可能会出现在最初的计划中没有考虑

46

57

到的概念,这时你可能需要探索既有概念框架中没有涉及的理论领域。专栏2-5提供了一个这方面的例子。在我关于乳腺癌患者的女儿的研究中,我把理论讨论和文献综述的重点放在风险的概念上,因为我认为女儿们会害怕遗传乳腺癌。然而,当我开始收集资料时,发现女儿们都陷入了尚未解决的悲痛之中,遗传风险对她们来说反而没有那么重要。当我分析资料时,我意识到自己之前研究的风险理论与我的研究并不相关。就在那时,我开始探索有关悲伤和失落的理论。

47

专栏 2-5 "概念框架"的例子

我的一位博士生的研究可以作为例子来说明扎根理论研究中的概念框架。尤妮斯·朴-李(Eunice Park-Lee)对韩国的老年人很感兴趣。她关注的是,许多老年学的项目评估研究使用了为测量西方群体的"生活质量"而研发的工具。朴-李想要了解"生活质量"对移民到美国的韩国人而言意味着什么。她提出了一项基于访谈和观察的扎根理论研究。她自己就具有韩裔美国人的身份背景。她的韩国家庭背景,以及她之前针对韩国老年人的社会工作经验和她的老年学理论知识,都提高了她对这项研究的理论敏感性。

除了讨论她的背景,她还回顾了几个可能与她的研究相关的理论视角,包括退隐理论(disengagement theory)、老龄化发

续

展理论（developmental theory of aging）、压力理论（stress theory）和同化理论（assimilation theory）。她没有将自己的研究看作对这些理论的检验，也没有将访谈局限于以前研究过的领域。要做到这一点，她必须保持开放的心态。她真正感兴趣的是受访者如何定义"生活质量"，而且她既不承认也不反对任何现有理论观点。

随着时间的推移，她运用扎根理论程序提出了"创造和谐"与"创造幸福"这两个核心概念，并以此界定韩国老年人的"美好生活"（Park-Lee，2005）。这些因素与她最初的概念框架中的任何理论都不相符。在论文的最后一章，朴-李讨论了她生成的中层理论是如何与她最开始的理论相关（和不相关）的。然后，她探讨了更多与亚洲哲学世界观相关的理论，这些理论是在宗教和哲学领域而不是老年学领域阐述的。

文献综述

在扎根理论中，文献综述一直是一个充满争议的议题。在最初的扎根理论模式中，格拉泽和施特劳斯（Glaser & Strauss，1967）建议研究者在收集资料和分析资料之前不要做文献综述。他们担心研究者会试图"生硬促成"他/她的经验观察结果与文献综述的发现相吻合，从而忽略了资料中呈现的新观点和新方向。相反，他们认为，研究者应该带着一块"白板"（blank slate）进来，以使(扎根)理论从资料中出现。一旦理论"出现了",研究者就可以探究其他研究(和理论),看看它们是如何与自己的研究发现相符的。虽然格拉泽仍然提倡这种方式,但今天大多数扎根理论研究者将他们最初的担忧当作研究者偏见的一种类型来处理。在我看来,不做文献综述并不能消除研究者偏见。而且,不做文献综述实际上还有可能会降低理论敏感性。正如伊恩·戴伊(Ian Dey)所指出的,"开放的心态"并不等同于"空虚的心态"(Dey,1993)。从实际角度来看,文献综述在大多数学位论文计划、机构审查委员会(institutional review board)计划、基金项目申请书(grant proposals)和出版物中是必不可少的(参见第六章)。

48

整合概念框架

一项研究的概念框架可以通过马克斯威尔称之为"概念图"(concept maps)的工具来进行整合。这一想法是将你推测在自己的研究中可能会非常重要的概念绘制成一个"地图"。这应该是基于你认为将会发生的事情。这可能是一个艰难的过程,而且其中的某些方面还会随着你的工作开展而发生改变。如今有一些软件程序(例如,Microsoft PowerPoint 和 Inspiration)可以帮助你做到这一点。老式的纸、铅笔或白板也同样有用。一定要保留概念图的副本,这样你就可以追踪自己想法的发展历程(如果你使用白板,你可能需要拍摄你的简图)。在研究开始时这样做非常重要的一个原因是,你(和其他人)稍后可以回顾一下,看看你最初的看法可能在多大程度上影响了分析。此外,在研究结束时,当你被问到这样的问题:"是的,但这些东西不都是你一开始就知道的吗?"你可以反驳"不,我的想法已经改变了",并展示你的"概念框架"作为证据。这是在第五章中讨论的"跟踪审查"(audit trail)的一个重要部分。

研究问题

提出一个研究问题可能会引起严重的焦虑,尤其对那些刚接触定性研究的学生而言。有一种观点认为,只有一种**正确**的方法来提出研究问题,或者一旦提出某个研究问题,你就需要在接下来的研究过程中致力于此。这可能是源于以前的定量研究训练。然而,在包括扎根理论在内的定性研究中,研究问题最初被认为是一个广泛的兴趣领域,只有随着研究的推进,特定的重点才会变得清晰起来。研究问题并不是一个具体设定的问题,而是某些反映初衷的事物。此外,随着研究重点的转变,还可以预期研究问题在研究过程中会发生变化。扎根理论的著作(例如,Strauss & Corbin, 1990)强调,首先,研究问题可以是你想研究的某个实质性领域 49 (substantive area)的名称。"定性研究中的研究问题是一种陈述,它确定了要研究的主题领域,并告诉读者关于这个特定的主题,研究者感兴趣的是什么。"(Corbin & Strauss,2008,p.25)"问题"可以很简单,"(你的研究对象群体)的经验是什么?"或者"这里发生了什么?"

定性研究问题关注的是过程,而且在提出问题方面通常使用"如何"以及"为什么"之类的词语。在扎根理论研究中,符号互动的概念有助于研究问题的提出。例如,因为这个理论模式是基于人们应对其所处社会环境而采取的行动策略(action strategies),所以问题通常以如下形式出现:"女性如何应对慢性病的症状?"或者"病人如何、何时、为何以及与谁谈论她们的病情,何时又会保持沉默?"(Charmaz,2006,pp.16 - 17)布鲁默将这些符号互动论的概念称为"敏感性概念"(Blumer,1969)。然而,这些应被视作起点,不应阻碍你在开始收集和分析资料之后转向其他方向。在扎根理论中,重要的是让资料构建研究问题,而不是相反。

方法

在扎根理论研究中,关于方法部分的一个重点是,资料收集必须允许运用一个包含不断比较、理论抽样、理论饱和等技术的多阶段模式。在研究设计中,你需要抓住机会收集资料、开始分析、返回资料、使用理论抽样来寻找更多资料以填补新出现的范畴,并继续这个过程,直至达到理论饱和为止。

与大多数定性研究一样,扎根理论研究运用访谈和/或观察作为资料收集的基本工具。不同之处在于,在扎根理论中所做的一切都是为了进一步生成理论。如上所述,这一关注焦点会影响资料收集的方式,因为进一步要收集哪些资料都取决于理论问题。

在扎根理论研究的早期阶段,访谈的问题可能非常宽泛。例50如,在我关于母亲患有乳腺癌的女性研究中,我是从"我了解到你母亲患了乳腺癌,请告诉我这对你而言意味着什么"开始的。当我经历了开放编码、主轴编码(axial coding)和选择编码(selective coding)（下面两章将对此进行描述）的过程后，我将访谈集中在新出现的问题上，如母亲去世后的"生存策略"。我试着对新想法保持开放的心态，并避免仅仅寻找对自己想法进行检验（的资料）。随着模式的出现，我在访谈中对这些模式提出了更详细的问题。然而，如果对我的理论逐渐变得重要的概念没有在某次访谈中自然而然地出现，那么我可能会主动询问关于这方面的信息。当然，我会尽量避免询问具有引导性的问题，但当我在访谈中期待出现的信息没有被提及时，我就想要确定它是确实没有发生，而不是受访者没有提到。此外，针对某个案例，我还探讨了可能使这个案例不同于研究中其他案例的条件（Oktay，2004，2005）。

焦点小组如今很受欢迎，但为了在扎根理论模式中对其加以运用，研究者就必须能随着理论的发展而安排更多的焦点小组。这可能比寻找不同的人或不同的情境更加困难。然而，当与其他资料收集的技术结合使用时，焦点小组就可以被非常有效地运用于扎根理论。例如，它们可以被用来探索一个已经出现在扎根理论分析中的概念，用来检验一个理论，或者填补一个核心概念的维度。

本章小结

本章讨论了研究者应该通过哪些过程来确定扎根理论是否适合他/她的研究项目。首先要考虑的问题是研究问题是否适合定性研究，因为扎根理论是一种定性研究方法。其次，本章回顾了扎根理论的特征和主要组成部分，以便研究者能够确定它们是否适用于自己即将开展的研究。这些主要组成部分是通过三个社会工作扎根理论范例来进行说明的。最后，本章展示了如何运用马克斯威尔模式的修正版（Maxwell，2005）来提出一项扎根理论计划。下一章将介绍如何使用扎根理论方法进行资料分析。

推荐练习

1. 在你感兴趣的领域中找出三项定量研究和三项定性研究，比较这些研究的研究问题。你能够运用马克斯威尔（Maxwell，2005）的差异问题和过程问题这一对概念来区分它们吗？

2. 练习提出定性研究问题，并与他人进行讨论，看看你是否能够改进它们。尝试运用符号互动论的概念，看看这是否有助于你形成更有趣的研究问题。

3. 找到一项不使用扎根理论方法的定性研究，以及一项使用扎根理论方法的定性研究。看看它们有何不同和相同之处。

4. 为你自己的研究项目撰写一份扎根理论研究的研究计划。确定你的研究目标和概念框架，然后确定研究问题。你可以使用什么方法（例如，资料收集策略）来研究这个问题？

早期资料分析

本章主要聚焦于扎根理论资料分析的第一个阶段。在这个"第一步"中,研究者开始运用逐行编码(line-by-line coding)从原始资料中识别概念。本章包含一些开放编码的例子,旨在帮助读者使用开放编码对他们自己的资料进行分析。本章举例说明了如何运用扎根理论方法创建出与资料紧密相关的概念。本章还展示了如何通过识别概念的维度和属性来进一步发展这些概念,以及如何将这些概念整合为更大的范畴。本章展示了几个社会工作扎根理论研究范例的作者如何在他们的分析中使用范畴的维度和属性。本章强调了撰写备忘录的重要性,即使在早期的分析阶段也是如此。本章举例说明了在扎根理论资料分析中,开放编码和撰写备忘录是如何促进不断比较方法和理论抽样的运用。上述扎根理论方法的内容有助于研究者将资料分析从描述转向理论建构。本章还提供了一些早期资料分析的练习。

早期分析反映扎根理论的核心内容和目标

扎根理论的早期资料分析必须置于整个扎根理论过程的背景

53 之中进行理解。关注理论生成是关键。虽然扎根理论的早期编码看起来可能与其他定性方法的编码非常相似,但对研究者来说还是很不一样的,因为生成理论这一终极目标始终在研究者的考虑之中。一些研究者错误地将扎根理论的编码程序等同于扎根理论方法。(这表明)他们未能将这些编码步骤整合到致力于形成理论的多阶段过程之中。当仅仅只是运用编码步骤(从具体的开放编码到更为抽象的范畴或主题)而不包含扎根理论的其他组成部分时,结果往往并不是真正的扎根理论研究。前一章中讨论的扎根理论的主要组成部分(理论敏感性、不断比较的方法、理论抽样和理论饱和),即使在扎根理论资料分析的最早阶段也都能得到体现。研究者在早期编码中的理论敏感性反映了他/她的个人背景、专业背景和理论背景以及在文献综述中涉及的概念。研究过程中不同案例之间的早期比较(不断比较)可以形成一些概念,这些概念将会指导下一轮的抽样(理论抽样)。格拉泽和施特劳斯写道:

> 编码……应该了解对照组中发生的事件。在这个过程中,我们为不断比较的方法增加了基本的定义规则:在将一个事件编码到某个范畴中时,应将其与编码到同一个范畴中的相同或不同组别的已有事件进行比较……这种对事件的不断比较很快就开始形成这一范畴的理论属性。分析者开始考虑范畴的全部类型或范畴的连续性(continua),它的维度、它在何种条件下得以凸显或最小化、它的主要后果、它

与其他范畴及其自身其他属性之间的关系。(Glaser &
Strauss, 1967, p.106)

初始编码通过影响研究的方向,从而在研究中占据着重要位
置。即使在资料分析的早期阶段不太可能达到理论饱和,它也依
然是有价值的,因为这种早期编码可以识别出研究者最终要达到
饱和的概念,以及这些概念的特征。

扎根理论研究中早期资料分析与后期资料分析之间的关键区
别在于,研究的重点在早期阶段尚不明显。事实上,早期编码的作 54
用之一就是缩小研究范围。此外,早期资料分析与原始资料非常
接近并且更加具体,而后期资料分析则变得更为聚焦和抽象(参见
第四章)。

扎根理论分析与其他类型的定性研究有何不同

扎根理论分析的第一步("开放编码")与其他定性方法中的资
料分析最为相似。大多数(但不是所有)定性方法是通过编码或打
散和拆分资料开始资料分析工作的。叙事分析是一个例外,它要
求保存故事的完整性,同时要求提供关于如何讲述故事的非常精
确和详细的信息(Wells, 2011)。同样,在现象学分析中,编码也
被认为会破坏访谈的意义和语境。然而,在连续体的另一端,一些
定性模式[如内容分析(content analysis)]在收集资料之前就已经
确定了编码方案(Crabtree & Miller, 1992)。这种类型的编码不
会被应用于扎根理论,因为它增加了将资料"强制"放入不以资料
为基础的、预先已经存在的范畴之中的可能性。

扎根理论与其他定性方法的不同之处还在于,扎根理论方法的资料收集和资料分析是同步进行的。扎根理论包含一个多阶段过程,甚至在研究的最初阶段都需要进行资料分析。反之亦然——也就是说,经过一个资料收集和分析(理论建构和理论检验)的复杂循环过程,资料收集会一直持续到研究的最后阶段。有时,我会遇到一些已经完成资料收集(如访谈)的研究者,他们问我如何运用扎根理论方法分析资料。这表明,他们并不理解扎根理论中资料收集和资料分析之间的相互作用。

实质代码和理论代码

"编码"意味着把资料分配给不同的"代码",即某些用来传达含义的词语。格拉泽和施特劳斯(Glaser & Strauss,1967)区分了两种在早期阶段形成的代码类型。实质代码(substantive code)是使用受访者的话语和想法(或者,如果采用的是观察法,那就是被观察者的话语、行动和想法)来作为代码。当实质代码的名称原本就出现在资料中时,该代码就被称为原始代码(in vivo codes)。例如,如果受访者说"我被淹没了",那么研究者就有可能会将这段文字编码为"被淹没了"。并非所有的实质代码都是"原始的",但它们都能很好地反映原始资料。

第二种类型的代码称为理论代码(theoretical code),这种类型的代码并不是直接来源于资料,而是来自进行编码的资料分析者。根据自己的概念背景,研究者会将受访者的陈述或行动视为某些理论概念的例证。例如,如果一位受访者说,"我立刻给我母亲打了电话",研究者就有可能将其编码为"社会支持"。在扎根理论中使用理论代码可能会存在问题,因为资料分析者很有可能会将他/她的资料强制性放入预先已经存在的范畴中,因而无法超越其所在领域的主流范式。在扎根理论编码的初始阶段,贴近原始资料和受访者的世界观非常重要。然而,一些理论上的想法会出现在你的脑海中,一旦它们出现了,最好立即创建理论代码,而不是试图忽略这些想法。不过,应该谨慎对待这些在早期编码过程中创建的理论代码。格拉泽(Glaser,1978)建议让理论代码"顺其自然"(earn their way)地融入分析,这意味着你需要确保它们得到了原始资料的支持。早期创建的这些理论代码可以帮助研究者发现他/她为研究带来了哪些理论视角(第五章中讨论的一些提高扎根理论研究效度的方法,研究者可以用来确保理论概念得到了资料的支持)。

开始进行开放编码

"开放编码"是编码的第一步,如果你以一种清晰而敏锐的心态——充满好奇和兴奋来看待资料,它将是一件非常有趣的事情。开放编码通常意味着逐行编码。在格拉泽和施特劳斯1967年出版的著作中,他们对如何进行编码几乎只字未提,只是使用不断比较的分析方法将其置于理论建构的过程之中。直到后来的著作,最为详细的是在施特劳斯与科宾合著的著作中,才向扎根理论研究者提供了开放编码的明确指示。

在研究的早期阶段,你应该对所有内容都进行编码,即使它看

56

起来并不重要,因为这时你还不知道你的理论会走向何方。最初看起来无关紧要的事物到后面可能会对你的理论非常重要。快速编码是很有帮助的,并且在进行编码(尤其是第一遍)时,也不要考虑得过于深入。这将有助于你避免任何强制性。重要的是,不要让自己过快进入到抽象的理论层面。将这些理论代码视为假设或问题,在你继续进行分析时可能有所帮助,也可能毫无帮助(见专栏3-1)。

专栏 3-1　开放编码的小建议

- 对能够描述或唤起强烈情感的词和短语进行编码。

- 对描述行动的词和段落进行编码(格拉泽建议使用动名词——以"ing"结尾的动词——来强调行动)。

- 对反映符号互动概念的资料进行编码,如自我意识、社会角色的期望、对他人判断的评估以及行动的正当理由。

- 寻找"红旗"(red flags)①,比如反映某种假设的短语("每个人都知道""总是""从不")。

开放编码中存在的问题

有时,学生在进行开放编码时会遇到困难,质疑他们自己的做

---

① 寻找红旗,意指资料分析者通过找出类似于"每个人都知道""总是""从不"这样可能反映文化、偏见、信念等的词汇/表达,以提醒自己思考这些词汇/表达究竟表达了什么意思,而不是表面地接受受访者所说。——译者注

法是否"正确"。这反映了对定量研究中"评价者间信度"(interrater reliability)概念的不恰当应用。在扎根理论中,并没有所谓的正确编码方式。不同的编码者会有不同的做法,这取决于他们要给研究带来什么。这是意料之中的,并不构成问题。我发现多个编码者通常会产生相当一致的结果(见练习 2)。我将编码者之间的差异视为发现更微妙含义的机会。对这些差异的讨论可以使某些推动理论生成的发现得以凸显(编码者信度的相关内容,请参见第六章有关定性资料计算机辅助分析软件程序的讨论)。

当具有临床背景的社会工作者进行编码时,可能会倾向于将诊断标签运用到受访者身上,如"压抑"(depression)和"否认"(denial)。也就是说,当你试图理解受访者的世界观时,临床背景可能会导致"训练性无能"(trained incapacity)。因此,你需要贴近受访者实际说了什么,他们怎么想的,以及他们如何描述自己的感受。如果你发现自己无法跳出诊断视角来看问题,这可能不是一个适合你做这种研究的领域。而如果你决定继续进行与临床工作密切相关的研究,建立能帮助你超越临床视角的机制(在第五章中有讨论)将非常重要。

57

一个开放编码的例子

举个例子可能会有帮助。以下片段节选自 1988 年对一位儿子死于艾滋病的母亲的访谈。访谈的第一段如下:

用来说明开放编码的访谈片段

好吧!我想说的是,我们最好从去巴黎拜访 J 开始说起。

我们准备去那里时，原本打算和他一起共度一个月，因为我们已经由于不能接受他是同性恋而疏远了他 10 年，虽然我们爱他，但我们仍然无法接受他是一个同性恋。然而，当我们到那里时，J 得了神经系统疾病，并失去了双手的功能。我们感到非常庆幸的是，当他真正需要我们时，我们就在他身边。因为我们无法让他回到旧金山，所以我们便将他带到了华盛顿。这真的很好，因为在这里我们可以更好地照顾他。我妈妈给了我们一把升降椅，这使他的生活更加便利。当然，他的兄弟姐妹也都在这里。我们感到非常遗憾的是，他离开了自己的朋友。然后，我脑海里马上想到曾经到我们家帮忙照顾我年迈的母亲近 6 年的女士——玛丽亚（Maria），她应该可以帮忙照顾他。我寄希望于她，我想，"噢，她会帮忙的"，但当我打电话给玛丽亚时，她已经在为一位老妇人每周做 10 个小时的兼职工作，而且同时也在为另外五六个家庭做其他工作。除此之外，当玛丽亚得知他患了艾滋病后，就再也不愿意来我家，所以我建议她和她的医生谈谈，然后她告诉我，她的医生说没事，这很难被传染，但她还告诉我，"你明白的，当我告诉其他人这件事的时候，他们告诉我，如果我去你家，就不能去他们家了"。事实上，她告诉我，有一位女士要等到他去世后至少 6—12 个月才会允许她进入她家。因此，我们很难得到帮助。

图 3-1 显示了我对这个访谈片段的编码。在我的编码中，我区分了不同类型的代码（原始代码、实质代码和理论代码）。首先，

我阅读了访谈资料，并在原始代码下面划线。我在右边的空白处增加了一些其他的实质代码，并在左边的空白处增加了一些理论代码，以便与实质代码区分开来（关于运用定性研究软件进行开放编码的内容，参见第六章）。

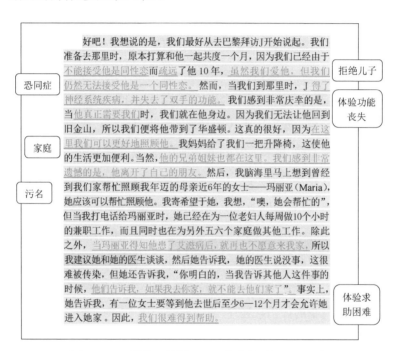

图3‑1 开放编码的例子——从资料到代码和概念

首先，我将"疏远"这个词作为一个原始代码，并在它下面划线。这是我在阅读这个故事时，该片段中第一个让我感到不舒服的词。然后，我使用自己的语言输入了一个实质代码，"拒绝儿子"。正如格拉泽（Glaser，1978）和卡麦兹（Charmaz，2006）所建议的那样,我尝试在编码时使用动名词[例如,"体验功能丧失"（experiencing loss of function）、"体验求助困难"（experiencing difficulty getting help）],从而将受访者视作故事的积极参与者。我还对一些反映符号互动概念的事件进行了编码,比如行动的理由（例如,她觉得在自己家里可以为儿子提供更好的照顾）,以及他人的期望（例如,玛丽亚不肯帮忙,是因为她害怕其他雇主的反对）。在我对这个片段进行编码时,一些更加抽象的概念闪现在我的脑海中,所以我添加了三个理论代码:"恐同症""家庭"和"污名"（在图的左边）。我把这些代码放在左边的空白处,以提醒我这些代码都是暂时的,随着研究的进一步发展,我可能会改变它们。放下它们可以让我理清思路,并重新专注于资料。最后,我理解了受访者的想法,即她爱她的儿子,但不接受他的性别认同。这表明两个代码（"爱他"和"不接受他是一个同性恋"）之间存在着复杂的关系。我决定为此写一份备忘录（参见下文有关备忘录的部分）,因为这是我想要进一步深入思考的问题,而且它太复杂了,不能仅仅使用一个简单的代码来处理（在后面的分析中,我可能会创建一个母亲在处理相互矛盾的期望之间的冲突时所使用策略的范畴）。

概念和范畴

开放编码的第二步是将代码整合为更加抽象的概念和范畴。为了对此进行说明,我在这里给出了三个概念以及我用来创建这些概念的代码,这三个概念都是从上文用来说明开放编码的访谈（与儿子患有艾滋病的母亲一起进行的）中提取出来的（其中一些代码来自访谈的其他部分,并未包含在图 3-1 中)。

拒绝儿子

"我们无法接受他是一个同性恋"

"我们疏远了 10 年"

"她(玛丽亚)不愿意来我家里"

"他们(医院)将我们放在一个角落里。他们让我们远离其他人。他们真的把我们隔离开来了"

"我们没有见到任何人"

照顾

"我们感到非常庆幸的是,当他真正需要我们时,我们就在他身边"

"在这里,我们可以更好地照顾他"

"我脑海里马上想到的能帮忙照顾他的人(玛丽亚)"

"每天早上都会有人来帮他做事,并给他洗澡"

"他的父亲和我,还有他的兄弟都帮忙了"

"最后我说,J,我会把外套卷起来,这样你就可以躺在沙发上了。那可能会使你感到轻松一点"

很难得到帮助

"我们很难得到帮助"

在对定性资料进行编码时,很快就会发现某些代码是相互关联的。然后,这些代码就会被整合为"概念"。例如,在(上面的)访谈范例中,"神经系统疾病"可以被看作一个代码,反过来,它也可以被看作一个更大的概念——"体验功能丧失"的一部分。这个概念可能包含一系列的症状。然而,当几个概念整合在一起时,创建出的更为宽泛的概念就是范畴。一个更宽泛的范畴,如"疾病特征",可能发展到后来会包含功能丧失、疼痛、死亡威胁等概念。同样的方法也可以用于理论代码"家庭",它可以被划分为一个整合了不同家庭关系类型的范畴。

60

75

不要担心某些事物是不是一个"代码"、一个"概念"或者一个"范畴"。这取决于这个概念对你的理论生成有多重要或关键,因而多少是有点随意的。重要的是,你需要从大量的代码中发展出数量相对较少的范畴,并且这些范畴将构成理论的核心。在我的工作中,我会在研究的早期阶段把所有可能的事物都标记为"概念",直到后来我发现其中一些概念反复出现在资料中,并与其他概念相关联时,我才会将它们发展为范畴。图3-2说明了代码、概念和范畴之间的关系。

61

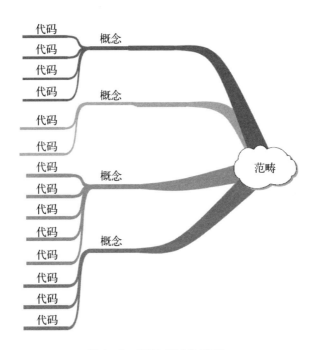

图 3-2　代码、概念和范畴

　　马琳·马塔雷塞(Marlene Matarese)的研究说明了从概念和代码中提出范畴的过程(Matarese，2010)，她使用扎根理论编码对寄养中心和少年司法系统中的男同性恋者、女同性恋者、双性恋者和跨性别者(gay，lesbian，bisexual，and transgender，简称GLBT)青少年进行了分析。由于这是一个练习，所以她使用的资料主要是一些关于该群体的出版物(如果这是一项扎根理论研究，而不是一次课堂练习，马塔雷塞就必须回到田野中收集更多的资料以丰富这些范畴的维度，并对其进行检验)。马塔雷塞从对访谈资料进行实质编码开始，并尽可能地使用了动名词(见图 3 - 3)。

你被吓了一跳，但工作人员什么也没有做，所以你开始携带一把刀来保护自己。那么，你就会因为携带凶器而陷入麻烦。

注释[P1]：由于是同性恋，工作人员对青少年被吓一跳没有做任何事情

注释[P2]：携带一把刀来保护自己

自从我进入[LGBTQ①社群]，我开始变得越来越好。刚开始的时候我真的非常紧张，但我看到每个人都和我一样。在这里我可以毫无困扰地做自己，这让我感到很安全。我已经在那里待了六七个月，而且我进步了很多。

注释[P3]：在 LGBTQ 社群感到安全，可以毫无困扰地做自己

注释[P4]：相信儿童福利系统需要对 LGBTQ 社群里无家可归的青少年在街头经历什么有一个更好的了解

儿童福利系统需要更好地了解 LGBTQ 社群里那些无家可归的青少年在街头经历了什么，以及最初他们为什么会在那里——就像逃离遭受虐待的家庭一样，他们在安置点也感觉不到安全。

注释[P5]：青少年逃离遭受虐待的家庭，成为无家可归者

注释[P6]：青少年在安置点感觉不到安全

62

　　① 在现代用语中，"LGBT"一词十分重视性倾向与性别认同文化多样性，除了狭义的指同性恋、双性恋或跨性别族群，也可广泛代表所有非异性恋者。另外，也有人在LGBT 后加上字母"Q"，代表酷儿（Queer）和/或对其性别认同感到疑惑的人（Questioning），即"LGBTQ"。——译者注

在寄养家庭中，你会做任何事情使自己得以生存下去——不被人欺负，不被偷。你不想被贴上"标签"……如果你在个案工作者转移你之前告诉了他们，他们就会告诉[新的安置点]的人。这样在你到达那里之前，你就已经被贴上了"标签"。

我没有告诉我的前两个个案工作者。我不太了解第一个。而对于第二个，我没有告诉她任何关于我是跨性别者或酷儿的事情，是因为我对她没有安全感。

在这里之外的其他地方，没有人像我这样。我觉得自己在外面像个怪人。因此，我不愿意和别人分享，因为我觉得自己是个怪胎。

你知道，我并不想与众不同，我一点也不想特立独行，我不希望仅仅因为我对生活有不同的看法，就让别人觉得我很奇怪之类的。

最重要的问题是安全，尤其是在"异性恋"教养院，那里的工作人员可能很不友好；而且在那里，强奸和其他形式的虐待往往也是可以容忍的。

我的梦想是生活在一个接受我的家庭，在那里我可以只是一个孩子。

孩子们感觉难以对（系统里）任何一个人表明立场的另一个原因是，你不知道他们会作出什么反应，而且这种情况并没有通过将你从一个教养院带到另一个教养院而变得更好。

注释[P7]：做任何能够使你生存下去的事情

注释[P8]：不想被贴标签

注释[P9]：告诉个案工作者意味着他们会告诉新的安置点

注释[P10]：在去新的安置点之前就被贴上了标签

注释[P11]：没有告诉前两个个案工作者关于我是跨性别者或酷儿的事情

注释[P12]：没有告诉是因为我对她没有安全感

注释[P13]：在外面觉得自己像个怪人

注释[14]：不愿意分享是因为我觉得自己是个怪胎

注释[P15]：并不想与众不同

注释[P16]：不希望别人认为我很奇怪

注释[P17]：觉得工作人员可以容忍强奸和其他形式的虐待

注释[P18]：觉得工作人员不友好

注释[P19]：期望生活在一个接受我的家庭

注释[P20]：感觉很难表明立场，因为青少年不知道人们会作出什么反应，特别是因为多次被安置

图 3‑3　关于寄养中心 GLBT 青少年资料的开放编码范例

　　她在编码过程中创建了 24 个概念，然后经过进一步分析，将这些概念整合为 12 个范畴。表 3‑1 展示了她提出的其中三个范畴——"信任他人""有安全感"和"希望被接纳"——以及构成这些范畴的代码和概念。

表 3－1　　从概念和代码中发展范畴的例子　　　　63

A. "信任他人"

代码	概念	范畴
不敢告诉寄养家庭 "更多时候我对此是保密的" 知道你不能告诉安置点自己是同性恋 感觉很难表明立场,因为青少年不知道人们会作出 　　什么反应,特别是因为多次被安置 保持沉默,这样他们就不会知道自己的性取向 没有告诉前两位工作者自己是跨性别者或酷儿的事情 没有告诉是因为我对她没有安全感 不敢表明立场,因为你不想再经历一次被拒绝的痛苦 不愿意与他人分享,因为我觉得自己是个怪人 不敢要求个案工作者介绍女同性恋寄养父母	害怕暴露	信任他人
试图向个案工作者暗示性取向 个案工作者没有注意到青少年性取向的暗示 放弃没有被个案工作者注意到的暗示和信号 在分享关于男女关系的信息后等待他人的反应,以 　　决定是否能够暴露	试探是否可以安全暴露	
不能指望工作者找到支持性的寄养家庭 认为个案工作者无法接受青少年告诉她他们是同性恋 不能相信寄养家庭	缺乏对成人/专业人士的信任	

B. "有安全感"　　　　64

代码	概念	范畴
担心我的安全 担心骚扰会失控 感觉自己好像生活在地狱 青少年在安置点没有安全感 没有说是因为我对她没有安全感 携带一把刀来保护自己 需要安全感	感到不安全	有安全感

续　表

代码	概念	范畴
在 LGBT 社群不必小心翼翼 LGBT 社群是第一个让我感到安全的地方 在 LGBTQ 社群可以毫无困扰地做自己,这让我感到安全 因为有一张关于同性恋群体和彩虹珠的海报,她感觉在新环境中暴露是安全的	感到安全	有安全感
需要一个安全的地方,就像其他青少年需要一个安全的地方一样 不要对同伴的性行为感兴趣,因为安全更重要 做任何能使你生存下去的事情	希望感到安全	

C.“希望被接纳”

代码	概念	范畴
在青少年中心有一个大的“H”记录 不想被贴上标签 被贴上“与众不同”的标签就像生活中有一个障碍一样	被贴上标签	希望被接纳
不想让其他人觉得我很奇怪 期望生活在一个接纳我的家庭 关注人们对同性恋群体的看法 不想变得很奇怪 感觉自己在外面像个怪人 患有抑郁症,但治疗侧重于同性恋	不想与众不同	
感觉青少年在 LGBT 社群可以做自己 能在 LGBT 社群做自己 在同性恋社群可以做自己而不必作出任何改变	做自己的能力	
不愿意分享,因为我觉得自己是个怪人 思考和评判自己的想法,发现自己是一个如此恶心的人 感觉一个人真的了解他们就不会再爱自己了	内在的负面信念	

发展概念和范畴的维度、属性及子范畴

开放编码的下一步就是开始识别概念和范畴的维度与属性。我将这一步看作"开放编码"的一部分,但有时它也被认为是"主轴编码"(参见第四章)的一部分。正是在这一点上,扎根理论编码开始明显地不同于其他定性方法。扎根理论分析主要基于两个过程:提出问题和进行比较。当你开始比较案例、情境或事件时,概念和范畴的维度与属性就会逐渐变得清晰起来。

为了使用图 3-1 中开放编码的例子来说明识别属性和维度的过程,请想一想我创建的"体验功能丧失"这一概念。我识别的第一个代码是"神经系统疾病"。我可能会开始问一些类似这样的问题:"这种神经系统疾病的症状意味着什么?""对谁而言?(病人? 照顾者?)""艾滋病患者还会有哪些其他症状?""神经系统疾病与其他症状相比会如何?""症状的其中一些维度可能会是什么? 例如,他们会感到疼痛吗? 有多痛?"(也就是说,疼痛程度可能从一点不痛到非常疼痛。)"是什么类型的疼痛? 它是尖锐的还是迟钝的? 是突然的,持续的,还是间歇性的?"在访谈样本中,儿子无法使用双手。"不能使用双手会如何影响他的功能发挥?"

让我们以"拒绝儿子"这个范畴为例。我会开始问自己关于拒绝的问题,比如,"是否有不同类型或不同程度的拒绝?""在 J 母亲那个案例中,发生了什么类型的拒绝?"值得注意的是,这位母亲同

65

时说了"我们爱他"和"我们无法接受他是同性恋",表明(她)可能在拒绝某些行为的同时并不拒绝那个人。这表明,在"拒绝程度"这个维度上,这位母亲是处于完全拒绝(拒绝这个人的所有方面)和完全接受之间的。在这个阶段,创建较为抽象范畴的子范畴也是非常常见的。很显然,一旦你开始对概念和范畴提出问题,并将案例进行相互比较,你就能看到维度和属性。

在扎根理论中,开放编码阶段就开始了不断比较的过程,因为代码就是通过比较并被归类到概念和范畴中的。当研究者着手进行开放编码时,他/她就会运用"理论抽样",从而寻找更多的资料(案例、情境和条件)来探索和检验在第一轮编码过程中识别出的概念。在决定下一轮的资料收集需要寻找具有哪些特征的资料之前,我建议先对两三份访谈记录进行编码。然后,可以对新的案例进行编码,并比较这些代码和范畴,进而形成维度和属性。

重申一下,我描述的资料分析(识别概念和范畴及其维度与属性)为理论抽样和进一步的资料收集提供了方向。在我一直用来举例说明的案例中,我的下一步可能是寻找儿子有不同症状的母亲。在马塔雷塞练习(Matarese,2010)提供的例子中,她接下来可能会思考她提出的范畴(如信任他人),进而形成属性和维度。她可能会寻找新的案例,以便在她的样本中获得一系列的"信任"。也许,她可能还会识别出不同类型的信任,或者不同类型、或多或少值得信任的"他人"。

在分析的早期阶段,研究者对概念和范畴进行识别、重新定义,并提出相关问题。有时,最初被认为是概念,到后来又被视为某个范畴的维度或属性。例如,继续讨论图 3 - 1 中的例子,我最初提出的一个概念是"拒绝儿子"。然而,作出进一步思考之后,我可能会创建一个更抽象的范畴,也许叫作"对儿子是同性恋的反应",它的范围包括从"拒绝儿子"这个极端到"接受儿子"的另一个极端。到后面,我可能想把"难以获得照顾"这个概念改为"获得照顾",而"困难程度"则是它的属性之一。

重要的是,不要对格拉泽和施特劳斯用来识别概念与范畴特征的措辞(即"维度和属性")感到不安。这些词语并不总是符合资料的本质。这些术语似乎反映了一种实证主义的世界观,其中的概念和范畴被我视为"变量",并在随后的定量研究(或进一步的定性研究)中得到检验。那些更倾向"建构主义"的人可能会对这些术语(和目标)感到不舒服,他们可能更愿意将其看作"结构"而不是"变量"。因此,重要的是,要对你的概念作出进一步的思考,(向你自己、你的同事和你的资料)问一些关于它们的问题,并在你寻找更多资料的时候提出一些你可以进行探索的初步答案。

社会工作研究范例中关于概念维度和属性的例子

本书前面介绍的三个社会工作研究范例的作者都说明了发展概念和范畴的维度与属性的过程。

范例 1:阿拉吉亚(Alaggia,2002)在她的研究中提出了关于

66

母亲发现女儿受到性虐待之后会如何反应的三个抽象范畴："相信""情感反应"和"行为反应"。她说，"然而，随着分析的继续进行，这些范畴的维度开始出现了，并在参与者的回答中得到了进一步的详细说明"（Alaggia，2002，p.46）。从完全相信孩子的故事到不相信或怀疑，母亲的反应中都包含"相信"。对于"相信"这个范畴，阿拉吉亚识别出了以下"维度"：

- 母亲无条件地相信孩子的报告

- 母亲质疑孩子报告的真实性

- 母亲质疑施害者的身份

- 母亲依靠物证才能完全相信孩子的报告

- 母亲质疑孩子报告的某些方面

- 母亲最初并不相信孩子

- 随着时间的推移，母亲还是不相信孩子

67　　　在她的分析中，阿拉吉亚意识到"相信"这个范畴还有一个时间维度。"在其中的四个案例中，母亲的反应在 6 个月的时间里发生了变化，这表现为两个不同的方向——从支持到不那么支持，以及从不那么支持到给予更多的支持。"（Alaggia，2002，p.50）也就是说，范畴的维度不是静止的，而是可能会随着时间的推移而发生变化。阿拉吉亚为"情感支持"和"行为支持"制定了相同类型的范围（维度）。阿拉吉亚发现，她的三个核心范畴全部都是多维的，并且它们反映了"一个随着时间推移而变化的动态过程，而不是一个

静止的过程,因此辨别最初的和持久的反应是重要的"(Alaggia,
2002,p.51)。

范例 **2**:在安德森和丹尼斯的论文(Anderson & Danis,
2006)中,她们识别了受虐妇女的女儿所使用的策略。其中一种策
略被称为"忍受"。在这个范畴中描述了四项具体的活动:"创造身
心逃离","试图了解家里发生了什么","建构支持网络",以及"在
家庭混乱中创造秩序"。她们详细阐述了这些范畴,展示了女儿忍
受家庭暴力环境的一系列方式。

范例**3**:殷妙仲共发表了三篇扎根理论论文:第一篇论文
(Yan,2005)发表时间较早,提供了研究结论的概述;第二篇论文
(Yan,2008a)已经被我们拿来作为范例;第三篇论文(Yan,
2008b)于2008年发表在《社会中的家庭》(*Families in Society*)。
在这篇论文中,殷妙仲识别了社会工作者经历的三种不同类型
的跨文化互动。当这种跨文化的过程是单向的,"单向跨越"
(unilateral crossing)就会出现。然而,当社会工作者和案主均跨
越了文化界限,第二种跨文化参与,即"双向跨越"(bilateral
crossing)就会出现。最后,"融合"(blending and merging)是一种
更高层次的跨文化交流。当社会工作者和案主的文化融合在一
起并超越各自的文化时,就会出现这种所谓的"融合"的跨文化
交流。在这个例子中,殷妙仲展示了一系列的跨文化互动,不仅
识别了不同类型的交流(属性),还展示了从较低程度的跨文化
交流到较高程度的跨文化交流(维度)。

68

早期资料分析中的备忘录

在扎根理论中,研究者使用备忘录来记录想法、问题和自己的思考。正是在撰写备忘录的过程中,扎根理论的主要组成部分被整合起来。当你将一个案例与下一个案例进行比较时(不断比较),两者之间的异同就有可能在备忘录中得到探索和发展(见专栏 3-2)。

专栏 3-2　开放编码中的备忘录

- 描述案例、情境和事件。

- 创建和描述概念。

- 深入分析概念。

- 将概念整合为范畴。

- 比较案例、情境和事件。

- 讨论并发展概念和范畴的维度与属性。

- 发展范畴的子范畴。

- 针对你的资料提出问题,并设想可能的答案。

- 让你的思维自由飞扬(不要评判!)。

因此,一旦你开始发展概念和范畴,着手撰写备忘录就会很重要。在早期编码过程中,每当出现新的想法,就立即停止编码,并撰写一份备忘录。有关撰写备忘录的一些小建议,请参见专栏 3-3。

专栏 3-3　撰写备忘录的小建议

- 标明每个备忘录的日期和标题。

- 在整个资料收集和分析过程中经常撰写备忘录。

- 不要等到想法十分成熟之后再撰写备忘录。

- 屏蔽掉决定性的想法,从而激发创造力。

- 用批判性思维(critical thinking)进行深入分析。

- 在你继续收集资料的同时,回过头来修改备忘录。

- 使用图表(diagrams)或矩阵(matrices)。

早期撰写备忘录存在的问题

扎根理论研究新手常常等到项目结束后才把自己的想法写下来,结果却发现很难详细记录他们的研究(Charmaz,2006)。在研究的早期阶段,研究者可能不愿意将自己的想法写在纸上或电脑上,认为它们还"不够好"。一些研究者很难写出尚不完善的新想法。许多学生以前接受的训练是,只有在某些想法定型之后,才把它写下来(Becker,1998)。要撰写备忘录,你可能需要学会屏蔽掉大脑中"决定性"的部分,这样你才能自由思考。把撰写备忘录看作一个创造性的过程将会很有帮助。在整个扎根理论分析的过程中,思辨性的思考非常重要。这些早期的备忘录篇幅可以很短,写作风格也可以很粗糙。关键是你要在忘记它们之前把自己的想法记录下来。

还有一些人可能会觉得,如果他们撰写了深思熟虑的备忘录,但在随后的分析中没有用上,那么自己的努力就会白费。事实上,你撰写一份备忘录并不意味着它最终会发展成为一个核心范畴,甚至也不意味着你一定会在自己的分析中使用它。在扎根理论中,保持开放的心态很重要。你需要做到在没有先入之见的情况下提出一些设想。扎根理论方法包括提出初步的理论观点,然后通过进一步的资料收集和分析来检验它们。当你继续推进多阶段扎根理论过程时,许多早期的想法将不会得到支持。但是,撰写后期没有用上的备忘录并不是浪费精力。你的想法更有可能是逐渐演化而不是完全被抛弃了。在后期,你将需要一份展示自己的想法是如何在研究中发生演变的记录。

撰写备忘录并不仅仅局限于扎根理论分析的早期阶段。它贯穿于整个研究过程,但备忘录的焦点会发生变化(Lofland, Snow, Anderson, & Lofland, 2006)。继续我前面的例子,提问可以引导对症状的属性作出进一步推测。例如,你可能会发现有些艾滋病症状是可见的,有些则是不可见的,这会影响到患者及其照顾者能否对其他人隐瞒诊断结果。随着研究的进一步发展以及新案例的出现,关于这些新案例如何与原有案例产生联系的其他问题和比较将会在扩展的或新的备忘录中得到探讨。卡麦兹在她的著作70 中提供了一个很好的例子,展示了她如何通过备忘录展示其想法的演变(Charmaz, 2006)。除了记录提出与完善概念和范畴的过程,当你将自己的想法"写在纸上"时,你实际上是在阐明你的论证。此外,备忘录还记录了你的"理论建构"过程。你的备忘录为跟踪审查提供了可能,可以用来支持你的理论并满足学位论文答辩委员会(dissertation committees)、资助者和机构审查委员会的要求。

备忘录反映并指导多阶段扎根理论过程的后续步骤

在扎根理论中,备忘录可以帮助你制定抽样策略(理论抽样),因为当你在早期编码中识别出重要的概念时,它们会为你下一步的抽样提供方向。在本章前面提供的例子中,备忘录可能会建议你去寻找那些没有与儿子疏远的家庭,那些在获得帮助方面没有遇到困难的家庭,或者那些没有照顾他们垂死儿子的母亲。备忘录的重要性还在于,它们记录了你在整项研究中的思考过程,并决定了你在下一轮资料收集中想要寻找什么样的资料。它们展示了你是如何使用不断比较、理论敏感性[将你自己的经验和理论框架(theoretical frameworks)运用于分析中]以及理论抽样来指导多阶段扎根理论过程中的每一个步骤。

本章小结

本章介绍了扎根理论资料分析的初级阶段——开放编码,包括如何从原始资料中创建原始代码、实质代码和理论代码;如何通过识别概念的维度和属性来进一步发展概念;如何将概念整合成更大的范畴。本章还讨论了如何使用"不断比较"方法和理论抽样来帮助研究者将分析从描述转向理论建构。本章还强调了即使在分析的最初阶段也要开始撰写备忘录的重要性。最后,本章讨论了早期的撰写备忘录会如何指导你开展扎根理论分析的后续步骤。

71 **推荐练习**

1. 对某些资料进行"开放编码",比如某次访谈的转录稿或田野笔记(如果你没有自己的资料,看看是否可以借到一些,或者是否能找到一些你可以使用的东西,比如一本回忆录)。你至少应该对两到三页的资料进行编码(如果你有大量的资料,选择其中"丰富"或者让你感到好奇的片段)。

- 在关键的字词和短语下面划线或加亮。
- 在页面边缘进行编码,将字词或概念与文本关联起来。
- 使用符号互动论的概念来指导你的编码(例如,为受访者正在进行的行动进行编码,寻找互动、意义、期望、角色和策略)。
- 识别资料中的"红旗"、情绪以及不寻常的字词或短语。

2. 邀请两到三位同事从你自己的作品中选择同样的片段进行开放编码。比较你们的编码。原始代码与更为理论性的代码相比,在一致性的程度方面是否存在差异?

3. 在开放编码的基础上,找出两三个你认为对理解"正在进行的事"可能非常重要的概念。这些概念可能的维度或属性是什么?(在其他案例中或其他情况下,它们可能会有什么不同?)

4. 就你进行开放编码练习的结果撰写一份简短的备忘录。它有价值吗?哪些开放编码的技术对你有用?哪些没用?你在进行开放编码的过程中遇到了什么问题?对你的研究项目来说,什么可能是重要的"后续步骤"?

后期分析

本章重点讨论基于开放编码(见第三章)形成的概念和范畴进行理论建构的过程。首先,本章介绍并说明了扎根理论编码的最后阶段——主轴编码和选择编码的概念。其次,本章说明了在编码后期阶段激发思维的各种技术,例如,使用矩阵和图表。本章强调了这些技术是如何适用于扎根理论的多阶段溯因过程。与前面的章节一样,本章将运用社会工作扎根理论研究范例来说明这些技术。最后,本章以学生和研究者可以用来应用本章内容的练习作为结束。

背景

在《扎根理论的发现》(Glaser & Strauss,1967)出版后的几年里,格拉泽和施特劳斯经常对那些声称使用了扎根理论方法,但未能生成任何理论的研究者感到失望。那些研究者的资料分析并没有超越描述性的层次。由于理论建构是扎根理论的根本所在,格拉泽(Glaser,1978)和施特劳斯(Strauss,1987)便撰写了一些

73 书籍,旨在帮助这些研究者转向更抽象的分析层次,即发展概念与范畴之间的关系。这就是扎根理论分析与主题分析(thematic analysis)的不同之处;在主题分析中,研究者只需识别出主题(类似于扎根理论术语中的"范畴"),但并不试图将这些主题相互联系起来[参见第五章桑德洛夫斯基和巴罗索关于定性研究类型的讨论(Sandelowski & Barroso, 2003)]。

本章讨论了能帮助扎根理论研究者将其分析提升到更抽象层次的各种技术。其中一些是在扎根理论著作中讨论过的,另一些则来自其他资料。我建议你们从对自己和特定研究有用的资料、著作和范例中去找到(这些技术),只要它们能够帮助你实现理论生成的目标,就不用管它们是否声称自己为"扎根理论"。

逐词分析

逐词分析(word-by-word analysis),或称微观分析(microanalysis),是施特劳斯在加利福尼亚大学旧金山分校的研讨班上使用的一种技术(Corbin & Strauss, 2008;Strauss, 1987;Strauss & Corbin, 1990)。其目的是通过密集关注资料中的特定词汇来激发更抽象的思考。在研讨班上,施特劳斯从资料中选取一个句子,然后针对这个句子中的每一个词向研讨班的参与者提问。例如,他从田野笔记中选取了下面这个句子:"她换了输血袋。"在讨论过程中,他提出了诸如工作任务("换血")、独自作业还是与他人("她")合作、医疗设备和用品（"输血袋"）以及身体侵犯等问题（Strauss，1987）。另一个例子是在科宾与施特劳斯2008年的著作中提到的（"微观分析"，Corbin & Strauss，2008，pp.58 - 63），其中包括对"当我听到诊断结果时，感到它很可怕"这句话中"当"这个词的相当大篇幅的讨论［参见施特劳斯（Strauss，1987）以及科宾和施特劳斯（Corbin & Strauss，2008）在研讨班的讲稿，以便了解这种技术］。通过集中关注某个词，研究者被推动着超越他/她的第一印象或初步解释，从而发展出更丰富的理解。

当我在学生的研讨班上探讨某个特别重要词语的含义时，我使用了这一技术的修正版。例如，细想一下我在第三章中介绍的转录片段。那位母亲使用了"疏远"这个词来描述她与儿子之间的 74 关系。（如果）运用逐词分析的技术，我可能会提出一系列关于"疏远"这个词的问题。例如，"她还能使用其他什么词吗？""'疏远'与其他词有什么不同？""什么情况会导致家庭成员之间的疏远？""在不同的家庭关系（母子、父子、母女、父女、兄弟姐妹）中，'疏远'可能会有何不同？""不同的家庭会如何处理争端问题？""哪些因素可能会影响处理争端的方式？"或者"在一个家庭中，疏远可能会带来什么样的后果？"由这类分析所引起的讨论使得研究者对资料进行更深入的思考，并以他/她之前从来没有想到过的方式进行思考。与具有不同背景和视角的人一起进行此类分析尤其有用。这个技术还有助于提出一些能在后续资料收集和分析过程中加以探讨的新想法和问题。

主轴编码

主轴编码意味着进一步探讨开放编码过程中提出的范畴和概念。"主轴编码"这一概念是施特劳斯在其 1987 年的著作中提出的,当时它更多的是被当作开放编码的组成部分,而不是一个独立的分析阶段。施特劳斯将主轴编码定义为"根据范式条目(条件、后果等),一次围绕一个范畴进行深入分析。这样做的结果就是某个范畴与其他范畴以及子范畴之间关系的知识可以不断得以累积"(Strauss,1987,p.32)。主轴编码的组成部分包括:(1)识别与某个范畴相关的各种条件、行动/互动和后果;(2)将一个范畴与其子范畴联系起来;(3)在资料中寻找主范畴之间可能会如何相互关联的线索。"它不太可能发生在最初收集与分析资料那几天甚至是几周。然而,在分析者致力于一个或多个核心范畴之前,主轴编码就会在通常比较漫长的开放编码过程中变得越来越突出……"(Strauss,1987,p.32)

75　　虽然卡麦兹和科宾在他们最近的著作中都放弃了将主轴编码作为一个独立的步骤,但我仍然认为主轴编码是一个很重要的"中间步骤",因为它将开放编码和选择编码联结了起来。无论将主轴编码看作紧跟着开放编码的一个步骤,还是将主轴编码看作开放编码的一部分,研究者都有可能在研究的过程中针对不同的概念同时进行开放编码和主轴编码。也就是说,你可能正在对那些在分析早期阶段所确定的概念进行主轴编码,而其他从新的资料来源中不断出现的概念则需要进行开放编码。

探讨条件和后果

贯穿扎根理论分析的整个过程，研究者一直都在不断对资料进行比较和提问，但在编码的后期阶段，所提的问题与前面大有不同。在主轴编码阶段的提问涉及事件发生的脉络、条件及其后果。格拉泽将其总结为"6C"，包括原因（cause）、脉络（context）、事件（contingencies）、后果（consequences）、协变量（covariance）和条件（conditions）（Glaser，1978）。将此运用到第三章中介绍的儿子患有艾滋病的母亲的例子中，我会在主轴编码阶段询问这样的问题："在什么条件下，父母会拒绝他们的同性恋儿子？""这样做的后果是什么？""对谁而言？"我也会针对"拒绝"发生（"如何"的问题）的过程（行动的顺序）提出一些问题。最后，我会尝试将过程性问题（行动的顺序）和结构性问题（在什么条件下）结合起来，提出更复杂的问题，如"在什么条件下，拒绝从童年时期就开始了？"

第三章介绍了马塔雷塞（Matarese，2010）关于 GLBT 儿童获得家庭外照顾（out-of-home care）的资料，用来说明开放编码。表4-1展示了马塔雷塞对三个范畴进行主轴编码的概要，这三个范畴（"信任他人""有安全感"以及"希望被接纳"）的提出见表3-1。马塔雷塞考虑了每个范畴的因果条件（causal conditions）、干扰条件（intervening conditions）和后果。她还研究了行动策略，这反映了扎根理论对符号互动的关注。最后，她提出了一些理论问题，并尝试回答一些基本问题："这是怎么回事？"

表 4‑1　主轴编码练习

范畴	信任他人
因果条件	之前被拒绝,缺乏保护,被虐待,体验消极的态度,没有感受到被支持或接纳,体验支持和接纳的缺失,青春期,有限的支持系统
干扰条件	之前的经历没有受到保护导致系统介入,之前被拒绝的经历,之前信任关系破裂的经历,看到其他人破坏信任关系和揭发某人为同性恋的经历,看到曝光事件发生和信任关系破裂的后果
行动策略	能够信任他人/无法信任他人,通过自我披露性取向来表示信任,通过自我披露被寄养的情况来表示信任,相信如果她表明立场就会被继续安置
后果	沉默,羞耻,孤立,恐惧,耻辱,拒绝,被同伴拒绝或建立关系,体验无条件的支持,感到"正常"和被接纳,获得自尊
理论问题/这是怎么回事?	获得家庭外照顾的青少年群体都面临信任问题吗? 这对作为性少数群体的青少年来说有何不同? 获得家庭外照顾的性少数青少年都有过信任关系破裂的负面经历吗? 对获得家庭外照顾的性少数青少年来说,这种信任关系破裂意味着什么? 信任问题是由于害怕被拒绝,以及没有向别人袒露自己而产生的吗?
范畴	有安全感
因果条件	没有受到保护,经历虐待和暴力,被迫感觉不一样,被羞辱,得不到支持,得到支持,基于刻板印象的成人行为,被拒绝,缺乏持久性
干扰条件	之前的经历没有受到保护导致系统介入,系统结构,组织文化,缺乏对保护者的教育
行动策略	青少年寻找安全的人来披露,携带一把刀,孤立,逃跑,分离或不依恋,在安全的地方披露,做自己,表明立场

续　表

后果	不断地感到不安全,感觉无法控制自己的生活、身体和性取向,感受和体验无能为力,建立不信任的关系,强调他们不相信成年人会保护自己,感到缺乏支持,内化对性少数群体的负面态度,抑郁,自杀,酒精/药物滥用,被允许受到身体和精神上的伤害,感到被拒绝,感到安全,拥有自尊感,与支持性的成年人和同伴建立关系
理论问题/这是怎么回事?	所有获得家庭外照顾的青少年都担心安全问题吗?最开始是之前的经历引起安全方面的感受吗?非性少数群体的青少年在(寄养)中心也会感到不安全吗?安全似乎再次直接关系到青少年是否受到保护和支持,以及是否能自由地公开自己的 SM(sadomasochism,施虐受虐症)身份。在系统内及其生活环境中感觉得到支持和保护的青少年表示感到安全。
范畴	**希望被接纳**
因果条件	感觉自己不被接纳或基于以前的经历认为自己不会被接纳,在获得支持且安全的环境中会感到被接纳
干扰条件	不是所有的青少年都希望被接纳
行动策略	除非是安全的、孤立的、疏远的,否则不要披露;寻找安全的接纳环境
后果	能够做自己,希望做自己,害怕做自己,披露,害怕被贴上标签,被贴上标签,感到孤独
理论问题/这是怎么回事?	由于刻板印象而不被接纳,可能会导致青少年的沉默和不信任,以及内化消极态度,感到不安全与不受保护。

将概念和范畴相互关联起来

扎根理论分析后期阶段的重点在于发展理论中概念和范畴之间的关系。一种技术是在属性与维度的层面上将它们联系起来。为了对此作出说明,可以以儿子患有艾滋病的母亲那项研究为例,我的早期分析识别了三个概念:"拒绝儿子""照顾"和"难以获得帮助"。为了探索这些范畴之间的关系,我会考虑拒绝的类型和程度可能会如何影响母亲的照顾经验及其在获得帮助方面的困难。假设我已经在开放编码的过程中识别出"拒绝儿子"的其中一个属性是拒绝的来源,可能被家人拒绝或被社会大众拒绝,抑或两者兼而有之。在主轴编码中,我可能会假设,当来自家人的拒绝更强烈时,"照顾"对家人而言可能会更加困难;而当来自社会大众的拒绝更强烈时,就有可能会遇到更多的"难以获得帮助"。

这类假设在形成之初相当不确定。为了检验假设,我将在这些想法的指导下,使用理论抽样进行下一轮的资料收集。我会尝试寻找一些代表拒绝的一系列程度(维度)和一系列属性(例如,拒绝的来源,拒绝是否被公开表达,拒绝是否得到回应,等等)的案例。接着,我会根据提出的假设寻找那些代表更有可能和不太可能的结果的案例。通过这种方式,研究者可以运用溯因逻辑在理论生成和理论检验之间来回穿梭(参见本章末尾提供的范例)。

矩阵

将不同的范畴相互关联起来的一种方法就是使用矩阵,这是

（页边码）77

格拉泽和施特劳斯在他们的死亡研究中使用的一种用来展示范畴之间如何彼此关联的技术。一个例子来自我开展的"乳腺癌患者的女儿"研究(Oktay,2005),在我制定的矩阵中,有我为了界定"年龄"这一范畴而识别的四个年龄组。我还识别了另外一个范畴,这个范畴由一组将女儿的经历区分开来的不同"阶段"组成:母亲生病和治疗期间,母亲去世后一段时间,以及长期阶段。将各年龄组放在一个有三阶段的矩阵中,就创建了一个拥有 12 个单元格的矩阵(见表 4‐2)。

表 4‐2　基于两个范畴创建一个矩阵 78
("乳腺癌患者的女儿"研究)

阶　　段 ＼ 年龄组	儿童	青少年早期	青少年晚期	成年早期
母亲生病和治疗期间				
母亲去世后一段时间				
长期阶段				

　　然后我检查了每个单元格中的资料,并从这些资料中识别出矩阵中每个单元格的其他概念。表 4‐3 展示了我为"母亲去世后一段时间"这一阶段的四个年龄组创建的矩阵。

　　创建这些矩阵有助于我思考这样一个问题,即我的分析过程中的这些范畴是如何相互关联(或不相关)的。表 4‐3 展示了矩阵中每个单元格的不同模式。通过使用这项技术,我识别出了两

表4-3 填充矩阵("乳腺癌患者的女儿"的例子)

	适应家庭变化	生 存
儿童	适应灰姑娘般的家庭	通过表现坚强来获得生存
青少年早期	处理与父亲之间充满问题的关系	通过与其他人(同辈群体)表现得一样来获得生存
青少年晚期	与父亲一起处理恋母情结问题	依靠家人的生存来获得生存
成年早期	为家庭变化负责	在正常合理的悲伤中生存

(来源:Oktay,2005)

个新范畴:"适应家庭变化"和"生存"。随后,我会将这些新的范畴放入资料中进行比较和对比,从而了解当新的资料收集上来时,假设(例如,"为了生存下去,儿童试图表现得坚强")是否能够成立。

　　一本由迈尔斯和休伯曼(Miles & Huberman,1994)编写的经典著作对于说明如何使用矩阵来发展范畴之间的关系非常有用。这本著作中呈现的资料分析提出了范畴之间彼此关联的多种方式。研究这些例子有助于发现新的方法来分析资料,并且有助于确定你的理论中范畴和概念之间关系的本质。虽然没有被称为79 "扎根理论",但这本著作中提供的矩阵类型仍能帮助研究者在扎根理论研究中探索范畴和概念之间的关系。

转向更高的抽象层次

　　扎根理论分析的一个重要组成部分是尝试将生成的理论提升

到更高的抽象层次。一种方法是将你的理论和更广泛的社会科学理论联系起来。格拉泽在1978年的著作中引入"编码家族"的概念，以帮助研究者将基本的社会科学概念应用到他们的理论中。也许因为这项技术要求研究者拥有扎实的社会科学理论背景，所以它并没有被广泛运用。没有多少社会工作研究者广泛熟知格拉泽和施特劳斯在其研究中运用的社会科学理论。

洛弗兰德及其同事(Lofland，Snow，Anderson，& Lofland，2006)描述的社会科学框架(social science framing)也有着类似的目标。他们确定了八个基本问题，将其运用于范畴可以进一步推动扎根理论分析。这些问题是：

(1) 有哪些类型？

(2) 这种情况多久发生一次(频率)？

(3) 它的强度如何(强度)？

(4) 涉及哪些结构？

(5) 经历了什么过程(循环、螺旋、顺序、转折点)？

(6) 原因是什么？

(7) 后果是什么(以及对谁而言)？

(8) 涉及哪些能动性(任务、策略)？

洛弗兰德及其同事并没有将其研究称为"扎根理论"，但这种思维方式是基于芝加哥学派，而且与扎根理论的过程和目标非常一致。前四个问题与扎根理论开放编码中的问题相似，后四个问题则反映了扎根理论中的主轴编码。

帮助研究者从描述性结果转向理论建构的另一项有用资源是霍华德·贝克尔（Howard Becker）的《社会学家的窍门》（*Tricks of the Trade*）（Becker，1998）。贝克尔和施特劳斯一样，都是芝加哥大学社会学系布鲁默和埃弗里特·C. 休斯（Everett C. Hughes）的学生。这本书的副标题是《当你做研究时你应该想些什么》（*How to Think about Your Research while Doing It*），书中充满了旨在激发思考的想法和"窍门"（对贝克尔来说，"窍门"是"一种帮助你解决如何思考的有效工具"）。其中的某些术语和过程与扎根理论中的相同。例如，贝克尔建议，通过关注过程（行为动词）而不是使用描述性名词或形容词来提高抽象层次。他建议，你对自己的资料提出问题，比如行动、互动和情感是如何随着时间而发生变化的；探寻其中的不同阶段、发展过程、轨迹或顺序；并询问这些变化是否会随着条件的改变而发生。

主轴编码中的备忘录

扎根理论分析中间阶段的备忘录反映了在整个扎根理论分析中持续进行的"不断比较"和"理论抽样"过程。主轴编码中的备忘录包括你关于概念和范畴之间潜在关系的进一步思考，以及你对与范畴相关的背景因素、条件和后果的某些想法。在备忘录中，你可以探索与研究有关的问题、初步答案、进一步抽样的想法、假设，以及新出现的观点与其他理论的比较。卡麦兹（Charmaz，2006）的著作（见第三章）展示了备忘录在不同分析阶段的进展。主轴编码的备忘录见专栏 4-1。

专栏 4‑1　主轴编码中的备忘录

- 试着回答这个问题:"这是怎么回事?"
- 借助维度和属性将不同的范畴关联起来。
- 使用矩阵。
- 分析人们如何构建行动和过程。
- 识别脉络。
- 考虑影响范畴的条件。
- 考虑范畴的后果。

主轴编码推动扎根理论的过程

　　正如第三章中关于开放编码的内容所强调的,主轴编码是扎根理论分析过程中的重要组成部分。它并不是孤立进行的,而是在理论生成过程中起着重要作用。在主轴编码过程中形成的想法,会通过明确所需样本的特征来指导下一轮理论抽样。进入到研究的这一阶段,主轴编码过程中形成的潜在关系、条件和后果往往会被视为在下一轮资料收集过程中需要检验的假设。一些想法会得到(资料的)支持,并进一步形成理论。其他想法则不被支持,可能需要进一步的发展或者直接放弃。这种对想法的"检验"可以用来帮助识别什么会成为"核心"的范畴或者成为下一步编码——选择编码中的范畴(参见专栏 4‑3 提供的范例)。

81

选择编码

在扎根理论研究的"选择编码"阶段,研究者会进一步整合并完善在开放编码和主轴编码阶段提出的理论。这包括识别一个或多个"核心"范畴,然后将其他重要的范畴和概念与核心范畴关联起来。格拉泽和施特劳斯(Glaser & Strauss,1967)认为,核心范畴是一种在资料中经常出现的范畴,它是抽象的,以及与其他范畴相关的,能够适用于其他领域的;而且,当你将它与其他范畴关联起来时,它的复杂性和解释力也会增加。

在核心范畴得以明确之后,扎根理论研究者就可以开始围绕这一核心范畴展开分析。这时,针对其他范畴进行的编码应该强调它们与核心范畴之间的关系。进一步的理论抽样则旨在填补核心范畴及其假设关系的空白。选择编码使得研究者能集中精力,并停止对那些与核心范畴无关的范畴和概念进行开放编码和主轴编码。核心范畴的运用有助于研究者避免被各种范畴淹没和分心,或者关注点过于宽泛。

理论饱和

在扎根理论中,人们会持续收集资料,直到一个或多个核心范畴达到饱和。当编码过程中不再出现新的信息时,范畴就达到饱和了。也就是说,资料中不再出现新的属性、维度、条件、行动/互动或后果。格拉泽和施特劳斯(Glaser & Strauss,1967)坚持认为,至少要使核心范畴达到饱和。人们当然也期望其他范畴能够达到饱和,但这并不总是必要的。

82

识别核心范畴

格拉泽通过询问他的学生"这项研究是关于什么的?"作为帮助他们识别核心范畴的一种方法。随着研究的深入推进,这同时也是扎根理论研究者需要反复思考的一个问题。洛弗兰德及其同事(Lofland, Snow, Anderson, & Lofland, 2006)所著的《分析社会情境》(*Analyzing Social Settings*)对于选择核心范畴也是一个非常有用的资源。在"聚焦资料"的章节中,作者们建议研究者识别出所开展研究的"单元"(unit)、"层面"(aspect)和"主题"(topic)。这项技术可以帮助研究者确定他/她最想关注的内容。其中,单元代表了研究的基本组成部分,它们可以是从微观到宏观的"实践""遭遇""角色""关系""群体""组织"或"文化"。层面可以是"情感""认知过程或意义"或者"等级关系"。将研究的单元和层面结合起来,就可以清晰地阐述研究的主题(参见洛弗兰德等人提供的一份有价值的表格,该表给出了表示可能的"主题"的定性研究范例)。确定研究的单元、层面和主题,也有助于阐明研究不是关于什么的。这会帮助你专注于研究中的重要事情,避免离题太远。

贝克尔的"窍门"也可以用于选择编码(Becker, 1998)。例如,贝克尔描述了他的同事伯尼·贝克(Bernie Beck)是如何要求处于后期分析阶段的学生在不使用具体案例任何可识别特征的情况下来回答"这项研究是关于什么?"的问题(Becker, 1998, p.126)。当我让学生们做这项练习时,他们被迫从更广泛的角度来思考他们的研究主题。运用这项技术,一项关于"社会工作者"的研究可能会被描述为一项关于"与人合作的专业人士"的研究。这项练习不仅有助于研究者拓展对研究主题的思考，还有助于他们挖掘研究发现所具有的深刻内涵。

有时候，核心范畴在研究的早期就已经相当清晰；有时候，它在整个研究的过程中都会发生变化；而另一些时候，它甚至直到分析的最后阶段都还难以捉摸。思想（idea）就是这样的——你不能强迫它！在我自己的工作中，我并不总是能够确定一个单一的、有组织的范畴。更重要的是，你的分析要反映出你对资料中正在发生的事情的最佳理解，而不是找到一个你认为是"核心"的单一范畴。就像扎根理论的其他组成部分一样，如果单一的核心范畴对你而言是有效的，那我会鼓励你只使用一个核心范畴；但如果它不奏效，你也不必为此感到痛苦。重要的是，不要拘泥于这些技术。我强烈建议你去尝试所有可能奏效的方法，即使它一开始似乎并不会有什么帮助。只要你尝试过将不同的范畴作为"核心"，即使你发现自己忽略了分析的某些重要方面，你也可以解释自己做了什么，并以最好的方式展示自己的分析。此外，我还会一直思考自己的研究，甚至在它发表很久之后，因为有时一些新的、清晰的想法会在后面才出现。而且，无论是否拥有一个单一的核心范畴，你的工作都将是对实务领域进行理解的一次有益补充（参见本章末的范例）。

将理论连接起来

选择编码涉及的不仅仅是核心范畴的选择。在这一阶段，研究者需要检验理论（范畴之间的假设关系）的完整性及其内部的一致性和逻辑性。同时,还需要通过进一步的分析将理论的各个组成部分连接起来,以填补其中的空白,并在最后一轮资料收集过程中对其进行检验[参见下文关于"反面案例分析"(negative case analysis)的讨论]。最后,研究者应该能使用理论中的概念及其相互之间的关系来解释研究的核心过程。

图表

图表可以帮助扎根理论的研究者理清核心范畴与其他范畴之间的联系。由于它们通常是一种展示复杂理论的有用方式,因而扎根理论的研究者会经常使用图表来展示他们的研究结果。例如,图 4-1 展示了安德森和丹尼斯(Anderson & Danis, 2006)是如何呈现她们的研究结论的。

84

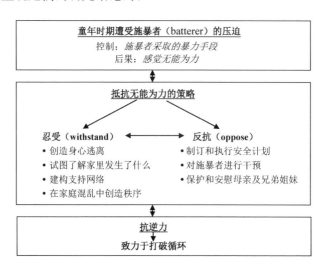

图 4-1 儿童抵抗施暴者压迫的概念模式

(来源: Anderson & Danis, 2006)

殷妙仲(Yan，2002)在他的论文中使用了一个复杂的图表来说明跨文化冲突(见图 4-2)。

85

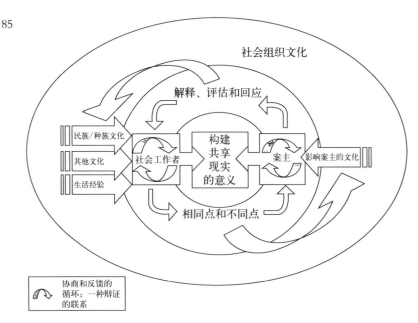

图 4-2　跨文化社会工作的辩证模式

(来源：Yan，2002)

扎根理论过程中的选择编码

在扎根理论分析的后期阶段，资料收集变得高度集中。可能需要寻找更多的资料来使核心范畴达到饱和。同样重要的是，研究者需要在最后一轮资料收集过程中检验这一理论，以确定它是否成立，并探索其局限性。扎根理论研究者在分析的后期阶段检验其假设的一种方法是，找出不符合假设的案例。这被称为"反面案例分析"或"相异案例分析"(divergent case analysis)。要进行这种类型的假设检验(hypothesis testing),就必须在整个研究过程中不断收集资料。从逻辑上来讲,如果研究者无法找出任何一个不符合理论的案例,那么该理论就更有可能是有效的。当然,没有发现不一致的案例并不能证明这个理论就是成立的,因为这样的案例总是有可能存在的(Glaser & Strauss, 1967)。"反面案例分析"背后的逻辑主要是依赖于实证主义的信念,即存在一个可以被了解的现实。当处在其他的认识论框架中时,反面案例分析并不具有同样的意义。即便如此,它仍然是一种有用的技术,因为它可以帮助研究者完成他/她的理论。例如,当发现某个案例不符合预期模式时,研究者就可以通过询问"这种关系在什么条件下有效"来扩展自己的分析。以我开展的"乳腺癌患者的女儿"研究为例,我提出了这样一个假设,即当母亲去世后,女儿(无论年龄大小)都会受到深远的影响。与之相反,在母亲存活下来的案例中,女儿很快就恢复正常,并且没有报告母亲患乳腺癌对她们造成的长期影响。然而,在我的分析快要结束时,我找到了一些不符合这种模式的新案例。我尚未发现任何一个女性在母亲离世后没有受到严重影响,但我确实找到了一些在母亲存活下来之后仍然没有恢复正常生活的女性。然后,我使用这些案例来探索在什么样的条件下这个模式不成立。例如,在其中一个案例中,父亲在母亲生病期间离开了母亲,女儿成为母亲的照顾者。在母亲康复后,女儿仍然觉得自己对母亲的健康负有责任,并且不想继续自己的个人

86

发展。寻找"反面案例"的过程帮助我完善了自己的理论,从而得以了解它在什么条件下适用,以及在什么条件下不适用(有关"反面案例分析"的进一步讨论,参见第五章)。

激发创造性抽象思维的技术

格拉泽和施特劳斯指出,你需要有充足的时间来研究资料,让想法自然浮现出来。你需要花时间去反思,"否则你将会冒着收集到大量与理论无关的资料的风险"(Glaser & Strauss,1967,p.72)。资料分析是一个创造性的过程,而创造性是不可能"按需"生成的。对那些想要为扎根理论项目制定进度表以及询问资料分析将花费多长时间的人来说,这可能会是令人感到沮丧的。问题主要在于,创造性思维不可能按计划进行,当你试图这样做的时候,反而会使得创造性的火花更不可能出现,因为你的压力太大了(参见 Glaser,1978)。

你使用的具体技术远远没有你的目标——理论生成——重要。有些时候,研究者过于执着"正确的"步骤,反而忘记了他们想做这项研究的初衷。如果你发现尝试某种技术会让你陷入困境或让你感到厌烦,那就放弃它,然后尝试另一种技术。在本章和最后一章中讨论的全部技术都是为了激发你的思维——让你"跳出框框去思考",用一句老生常谈的话来说就是——将你从自己的想法中解放出来。

要想在这项工作中真正具有创造性,你需要培养一种乐趣,并在工作中保持兴奋。洛克(Locke,2007)将此定义为一种允许大脑进行"非理性自由发挥"(irrational free-play)的需要。许多科学发现是偶然发生的。你需要给自己时间和空间,让你的思想在理性思维和发散性思维(playful thinking)之间来回穿梭。这比简单地在资料中为已有的观点和理论寻找支持要困难得多。创造一些真正的新事物———一种不同的思维方式———是困难的,但它可能是非常有益的!我发现,当我想要创造性地思考时,我必须离开当前研究项目去做其他事情。当我在散步(尽可能在大自然中)、听音乐,甚至是睡觉的时候,相比于坐在办公桌前更有可能获得新的想法。当我离开(办公桌)的时候,我的大脑似乎在继续进行分析,并且是自由地以不同的方式在思考。

87

我还发现,让自己接触其他领域的观点也可以激发新的想法。例如,物理学或生物学的模式有时就可以有效地应用到我的领域中。我曾经参加过一个医学讲座,讲的是一项实验,在这项实验中,一只老鼠的某些身体部位被切除了,以此来研究其功能。我发现自己这个时候在想,这与我的研究中那些失去母亲的女儿十分相似。沿着这些思路,我着重研究了母亲在女儿的整个生命历程中,而不仅仅是童年时期的重要性[参见伯斯坦和安德森(Burstein & Anderson,2011)关于创造力科学的最新讨论]。

在寻找与你的研究主题相关的比较范例时,进行广泛的思考是卓有成效的。正如格拉泽所言,"……把一切都当作资料……"(Glaser,1978,p.8)。记住,要将你的"理论敏感性"带到分析过程中,并定期考虑你的个人经验、专业经验、已有文献和理论储备会对正在生成的理论说些什么。

后期分析阶段的备忘录

即使在扎根理论分析的后期阶段,撰写备忘录也很有帮助。专栏4-2展示了一些适用于后期阶段备忘录的主题。在研究的后期阶段,备忘录将对理论模式进行阐述。而且在这个阶段,它们会越来越接近研究发现。备忘录在后面还可以形成与研究相匹配的发表格式。在备忘录中,你可以尽可能详细地探讨你的想法。计算机软件程序(参见第六章)可以帮助你将备忘录与那些你可能想要用来支持研究结论的资料联系起来。

88

专栏 4-2　后期资料分析过程中的备忘录

- 考虑这样一个问题:"这是一项关于什么的研究?"
- 讨论你的核心范畴以及其他范畴如何与之相关联。
- 识别理论空白和尚未完成的范畴。
- 阐明想法、事件、行动或过程。
- 考虑与行动、互动和情感相关的条件。
- 考虑行动、互动和情感的后果。
- 使用图表来整合你的理论。
- 使用社会科学框架。
- 从微观层面的分析转到宏观层面的分析。
- 探索"反面案例分析"。

将它们全部放在一起

扎根理论中的编码并不独立于资料收集而进行,因为它通常是为了促进不断比较分析和指导下一轮的理论抽样。在整个编码过程中,研究者会一直对资料提出问题,并对案例和事件进行比较。在分析的早期阶段,资料收集、编码和理论抽样的目的是生成概念。到了研究的后期阶段,分析目的则转向检验概念及其相互之间的关系,而且这些概念会变得越来越抽象。卡麦兹(见图4-3)说明了从最初的资料收集一直到不同编码层次的扎根理论过程(请注意,卡麦兹使用术语"初始编码"来表示我所指的"开放编码",使用"聚焦编码"(focused coding)来表示我所指的"主轴编码"和"选择编码")。

专栏4-3和附录4-1提供了一个扎根理论分析过程的例子,来自朴-李(Park-Lee,2005)的论文。朴-李研究的是韩国老年移民对"美好生活"的看法(关于这项研究的介绍,参见第二章)。专栏4-3展示了她在三轮资料收集和分析过程中分别完成的工作。附录4-1则通过理论生成到理论检验的多阶段过程展示了其扎根理论的发展。在每一轮资料收集和分析过程中,朴-李都发展了概念和范畴。然后,她在这些范畴的"初步假设"(working hypotheses)之间创建了可能的关系。在此基础上,她提出了一些问题,并运用这些问题来指导她的下一轮资料收集(理论抽样)。在她的研究结束时,她形成了两个核心范畴来整合早期的概念和范畴:"坚持自我"以及"与他人和睦相处"。

89

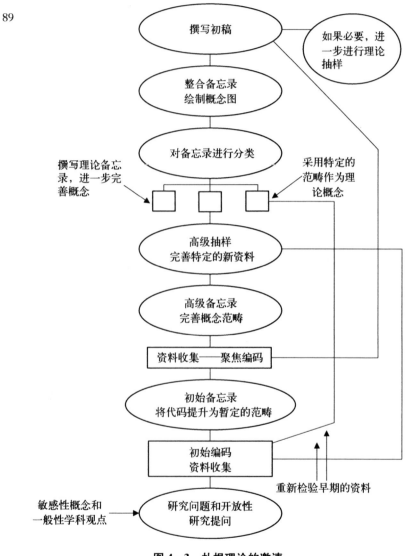

图 4-3　扎根理论的邀请

（来源：Charmaz，2006）

专栏 4-3　扎根理论论文的流程

第一轮

根据研究问题制订第一份访谈提纲

第一轮资料收集(访谈;田野记录)

资料整理和分析

- 转录访谈资料
- 对出现的主要范畴进行编码
- 撰写关于模式和关系的主题
- 创建关于范畴和主题的初步假设
- 制订下一步的访谈提纲

第二轮

第二轮资料收集(访谈;田野记录)

资料整理和分析

- 转录访谈资料
- 对资料进行编码,发现新的范畴和主题
- 压缩和增加范畴与主题
- 寻找反面案例;重构或丢弃异常案例
- 确定新的主题
- 整合主题(例如,将新的主题与第一轮获得的主题进行合并和/或排序)
- 完善初步假设
- 制订下一步的访谈提纲

第三轮

第三轮资料收集(**访谈;田野记录**)

资料整理和分析

- 转录访谈资料

- 对资料进行编码,发现新的范畴和主题

- 识别达到饱和的主要范畴

- 压缩和增加范畴与主题

- 寻找反面案例;重构或丢弃异常案例

- 检查三轮资料收集和分析所获得的所有范畴,以确定饱和度和互斥性

- 整合主题(例如,将新的主题与前期访谈所获得的主题进行合并和/或调整)

- 完善初步假设

- 处理最终的初步假设,以发展扎根理论

(改编自:Park-Lee,2005)

社会工作研究范例中的扎根理论过程

范例1:阿拉吉亚的扎根理论研究

阿拉吉亚(Alaggia,2002)在她的研究范例论文中描述的资料分析如下:

在理论抽样的传统中,资料收集和资料分析是同时进行的。开放的(先验的)主轴编码、选择编码以及不断比较

(Strauss & Corbin，1990)都被用来解释资料，并借用计算机
程序作为辅助。随着对访谈资料进行编码，一些主题或概念逐
渐得以呈现，而且随着分析的继续进行，又有更多的参与者接
受了访谈；与此同时，当影响母亲反应的其他潜在因素变得愈
加明显时，新的代码也出现了。关于支持，在分析的初步阶段形
成了以下三大范畴：(1) 信念；(2) 情感反应；(3) 行为反应。然
而，随着分析的继续推进，这些范畴的维度就出现了，并在参与者
回答的支持下得到了进一步阐述。这些范畴的详细维度及其定
性引文示例的发展演变如下……(Alaggia，2002，p.46)

范例 2：安德森和丹尼斯的扎根理论研究

这里展示安德森和丹尼斯(Anderson & Danis，2006)如何描
述她们的分析过程：

通过编码，资料最终被归类为范畴，这些范畴代表了通过
相互比较分析获得的主要社会心理问题和模式(抵抗压迫)，
基于此，解决研究问题的相关主题(例如，忍受和反抗无能为
力的感觉)就有可能会出现。最后，围绕核心范畴形成了抗逆
力理论，该理论描述了与参与者个人经验有关的核心现象。
(Anderson & Danis，2006，p.423)

她们接着说核心范畴：

"儿童受到施暴者的压迫"是资料中显现出来的核心现
象，并为参与者经历的逆境(虐待和暴力)提供了背景。围

绕这一核心范畴形成了抗逆力理论,用以描述和解释在概念模式中占据主导地位的社会心理过程的本质及其运作方式。具体而言,抗逆力来自参与者的抵抗行为,这种行为始于对儿童时期逆境及其后果的自发反应,并演变为参与者终其一生都在使用的策略。这个概念模式强调了在应对逆境时产生的风险因子(无能为力)和保护因子(忍受和反抗)之间的相互作用。因此,对这部分人来说,抗逆力涉及的是一个由参与者终其一生都在使用的抵抗策略推动的过程,这种策略有助于他们努力打破暴力循环。(Anderson & Danis,2006,pp.424 - 425)

作者继续描述了受访者使用的一些"忍受"和"反抗"策略。最92 后,该理论在"讨论与启示"部分被应用于社会工作实践中:"将生存策略视为对压迫的抵抗,既符合女性主义的赋权概念,也符合社会工作实践中的优势视角……因此,应该扩充对抗逆力的定义,使其包含抵抗的概念。"(Anderson & Danis,2006,p.429)运用该理论,作者给那些为受虐妇女的成年女儿提供服务的专业助人者提出了一些建议。

范例 3:殷妙仲的扎根理论研究

在已经发表的研究成果(Yan,2008a,2008b)中,殷妙仲描述他的方法论时并没有使用"开放""主轴"或"选择"等术语,反而较为关注"不断比较的方法":

　　本研究采用不断比较的方法对资料进行分析,包括编码、模式发展和理论建构。不断比较不仅仅是一种分析策略,还是扎根理论方法的本质,通过这种方法,多样性——相似性和差异性——被划分为范畴和维度(Glaser & Strauss,1967)。在本研究中,由于抽样焦点在循序渐进地发生变化,因而不仅在不同访谈之间进行了比较,也在不同阶段收集的资料之间进行了比较。(Yan,2008a,pp.319-320)

在论文中,殷妙仲(Yan,2002)描述了他如何运用这种分析模式:

　　研究者尝试了科宾和施特劳斯(Corbin & Strauss,1990)提出的编码方法[原文如此],这种方法认为,资料必须通过开放编码、主轴编码、选择编码以及条件矩阵的使用来进行整理。但是,研究者发现很难将资料放入到他们预设的框架中。具体来讲,在建立范畴之间联系的过程中,主轴编码过于僵化,以至于无法对参与者是如何与自身文化进行协商的范畴进行维度划分和描述。于是,研究者决定转向格拉泽(Glaser,1978)的理论编码理念,这种理念不那么具有指导性和具体性,但更加灵活且更为注重灵感的涌现。(Yan,2002,p.68)

殷妙仲对他在选择分析模式时"试错"(trial and error)过程的公开讨论,说明了不同研究者如何发现不同技术或多或少是有帮助的。这是一个研究者选择适合自己的方法的例子,而不是试图

93

将他的分析放入一个过于僵化的模式中。我发现,更加结构化的
分析方法通常在研究早期阶段最有帮助。而随着分析逐渐成形,
研究者就会对偏离规定的模式感到更有信心。

本章小结

本章展示了如何基于开放编码(见第三章)形成的概念和范畴
建构理论。首先,本章讨论了主轴编码和选择编码,并举例说明了
这些方法。其次,本章展示了如何使用矩阵和图表来进一步推进
这种类型的编码,还提出了一些在编码后期阶段激发创造性思维
的技术。本章强调了这些技术如何与扎根理论分析的多阶段溯因
过程相适应。本章在一篇论文和三个社会工作扎根理论研究范例
中阐述了这些技术的运用。

推荐练习

1. 用你自己的资料尝试一些中间层次的(middle-level)编码技术。从其
中两到三段已经进行开放编码的片段,以及你认为对你的研究问题非常重要
的一系列代码和范畴开始。为本练习确定两到三个范畴,并列出支持这些代
码的资料(访谈文本或田野记录)。对于每个范畴,请分别尝试几种旨在将你
的范畴转向理论的技术,例如:

· 确定概念的维度和属性;

· 考虑条件和后果;

· 提出理论问题;

· 使用符号互动论的概念来指导你的编码（例如，为受访者正在采取的行动进行编码，寻找互动、意义、期望、角色和策略）；

· 思考"这是怎么回事"以及"你的研究是关于什么的"等问题；

· 考虑这些代码与范畴之间是如何相互关联的。 94

2. 针对你的范畴，请分别尝试几种旨在将你的范畴转向理论的技术，例如：

· 选择编码，即确定一个可以用来组织或整合其他范畴和概念的中心范畴或核心范畴；

· 进行"资料展示"，如矩阵或图表，以发展概念之间的关系；

· 使用洛弗兰德及其同事提出的概念和问题，包括社会科学框架，以使你的资料更加清晰；

· 使用贝克尔的"窍门"来激发你的思考，然后撰写备忘录。

3. 围绕你进行资料分析练习的经验撰写一份简短的备忘录。它有价值吗？什么技术对你有用？什么不起作用？你遇到了什么问题？对你的研究项目来说，什么有可能是重要的"下一步"？

附录 4-1 一篇扎根理论论文中理论建构过程的例子

(来源：Park-Lee，2005)

第1轮(I 太太、H 先生、S 太太、J 太太、P 太太)

A. 范畴/概念

客观生活条件

1. 即使存在某些健康状况，也能独立活动

2. 没有认知障碍

3. 充足且稳定/固定的收入

4. 与孩子分开居住/能够舒适地睡觉

5. 熟练掌握英语

6. 独自旅行

7. 子孙的幸福

"美好生活"

1. 身心健康

2. 能够享受生活——不从事体力劳动

3. 能够照顾好自己，满足自己的需要和愿望，不成为他人的负担

  a. 孩子们过得很好，生活很幸福

  b. 能够做自己想做的事情

    i. 爱好

    ii. 日常生活事务

    iii. 愿望/梦想

参照群体

1. 比他们更糟糕的人

2. 移民美国前后

信念

1. "必须感到满意"

2. "树大招风"

B. 初步假设

1. 客观生活条件被认为是"美好生活"的必要条件。这些生活条件很重
   要,因为它们使得老年人能够照顾好自己,避免成为他人尤其是成年
   子女的负担。

2. 当被问及如何定义"美好生活"时,受访者将其称为"幸福的生活"和/
   或"令人满意的生活"。"美好生活"="幸福/令人满意的生活"?

3. 除了向我提供一份他们认为的"美好生活"必不可少的生活条件清单
   外,受访者还希望能够做到以下几点,并相信如果他们能够做到以下
   几点,他们就能过上美好的生活。

4. 参照群体/比较标准被用来评估老年人的幸福感。老年人使用的参照
   群体能使得他们的生活处境更加积极正向。

5. "必须感到满意"——当我问这些受访者是否对自己的生活感到满意
   时,他们往往会告诉我"他们对自己的生活感到满意,因为他们必须感
   到满意"。换句话说,他们实际上对自己的生活并不满意。但是,由于
   以下原因,他们强迫自己满足于现在的生活。

   a. "否则,这简直就是贪婪。"

   b. 不应该要求更多的资源用于老年人;剥夺后代的资源。

6. 能够接受不可避免的事情

   a. 他们并不能给予孩子很多帮助。

   b. "树大招风。"

96

孩子的问题只是生活的一部分。

C. 问题(纳入访谈提纲中,并用来指导第 2 轮资料收集过程中对受访者的抽样)

1. 为什么老年人最关心的是自己成为后代的负担？为什么成为后代的负担会对老年人的幸福感产生不利影响？

2. "美好生活"、幸福生活以及对生活感到满意是一样的吗？

3. 这些(例如,身体健康,享受生活,不依赖后代就能满足自己的需要)与"美好生活"有何关系？为什么它们对"美好生活"是重要的和必要的？

4. 受访者提到的信念,如"必须感到满意;否则就是贪婪",是为了帮助他们自己接受目前的生活处境。换句话说,他们认为现在的生活并不完美/理想。那么,他们认为理想的晚年生活是怎样的呢？他们认为什么样的生活才是他们真正感到满意而非必须感到满意的？

5. 这一轮资料收集过程中的 5 名受访者都住在为老年人提供补贴的公寓里。他们的月收入不到 1 000 美元。我想知道拥有不同生活处境(例如,或多或少在经济上比较舒适/稳定,**有房子,与自己的成年子女生活在一起**)的人对"美好生活"是否拥有不一样的看法。

6. 在本轮资料收集过程中只有一名男性受访者。我想知道人们定义"美好生活"的方式是否存在**性别**差异。我想知道,拥有相同/相似生活处境的夫妻双方是否会用不同的方式来评价他们的生活。

7. 所有的受访者都是 70 多岁。我想知道**80 多岁或 90 多岁**的人是否对"美好生活"有不一样的定义。

8. 所有受访者在简版老年抑郁量表(Geriatric Depression Scale-Short Form,简称 GDS-SF)中的得分都不超过 5 分。我想知道那些**得分较高**的个体是否对"美好生活"有不一样的看法,并对他们的生活处境有不同的评价。

第 2 轮(L 先生、L 太太、S 先生、H 太太、K 先生)

A. 达到饱和的范畴/ 概念

客观生活条件

B. 新的或进一步发展的范畴/ 概念

"美好生活"

1. 身体舒适

   a. 健康

      i. 即使存在某些健康状况,也能独立活动

      ii. 认知完好

   b. 满足基本需求

      i. 充足且稳定/固定的收入

      ii. 具备一定的英语水平

      iii. 旅行

         1. 自驾

         2. 使用公共交通工具

   c. 提供其他物质需要

      i. 自我享受

         1. 追求自己的爱好

         2. 参与其他社交/休闲活动

   d. 物理空间

      i. 能够舒适地生活和睡觉

      ii. 与子女分开居住

      iii. 与已婚子女生活在一起,但与后代的生活/日常安排是分开的

2. 情感舒适

    a. 不用担心自己成为他人的负担

      i. 能够照顾好自己(例如,日常生活事务)

      ii. 能够做自己想做的事,而不用依赖他人

    b. 不用为后代担心:后代的幸福

      i. 子女

        1. 健康

        2. 过上好日子/经济稳定

        3. 已婚并且生活幸福

98   ii. 孙辈

        1. 健康

        2. 在学校表现良好

    c. 社会/情感支持

      i. 朋友

      ii. 后代

    策略:

      1. 不要介入后代的事情

        a. 接受孩子已经长大成人的事实

        b. 为孩子祈祷

        c. 与成年子女分开居住

        d. 不提供未经请求的建议

      2. 学习英语

      3. 使自己忙碌起来

        a. 参加英语课程

b. 参与年长者的社区项目

c. 创造可以参与的活动/项目(例如,志愿者项目)

4. 寻求不同的方式来维持健康

5. "必须感到满意"

6. 参照群体/比较标准

a. 比他们更糟糕的人

i. 其他在美国的韩国老年人

ii. 美国的其他老年人

iii. 韩国的其他老年人

b. 关键生活事件前后

i. 移民到美国

c. 假设的情况("如果我从未离开过韩国……")

C. 初步假设

1. "美好生活"不同于主观幸福感。"美好生活"是老年人向往的理想生活,而主观幸福感则是一个人对自己生活的感知/评价。

2. 对受访者而言,理想的生活意味着能一直做自己(例如,不给他人带来不便的自力更生的人,勇敢的人,忠诚的基督徒,父母),而不受与老龄化和移民等相关变化的限制或束缚。

3. 一个人如何定义自己(无论是将自己视为独立个体还是与他人相关)   99
会影响他对"美好生活"的定义。例如,对一个将自己视为自力更生的人来说,"美好生活"意味着在晚年能继续成为一个自力更生的人。

a. 性别本身并不一定会导致个体以不同的方式定义"美好生活"。

b. 影响一个人如何定义自我和"美好生活"的,是他/她在一生中所拥有的各种经历以及个体从这些经历中所获得的具体意义,而不是其特定的人口统计特征/社会经济地位(例如,性别、工作地位)。

4. 客观生活条件对"美好生活"非常重要。

    a. 根据自身的生活处境,不同的个体会更加看重不同的条件。

    b. 由于他们拥有作为"老年移民"的共同经历,某些条件(例如,英语熟练程度、自由旅行、没有变得痴呆)通常被认为是"美好生活"的必要条件。

5. 这些生活条件帮助老年人在不依赖子女的情况下做他们想要/需要做的事情。

6. 受访者认为,他们过着舒适、美好、幸福或令人满意的生活,这表明他们在评估自己的生活处境后作出的判断。人们是在将自己的实际生活与他们对"美好生活"的定义作出比较后,才对自己的生活作出了这样的判断。

7. 当人们认识到他们的实际生活与他们对"美好生活"的定义之间存在差异时,他们就会努力提升自我意识,并促使自己过上"美好生活"。

D. 问题

1. 到目前为止,我访谈过的所有受访者都认为他们对自己的生活感到满意,而且他们在简版老年抑郁量表中的得分相对较低。他们中的大多数人是 70 岁出头。他们都有孩子,并且对自己与后代之间的关系感到满意。我想知道,在对以下这些群体的访谈中,是否也会出现类似的关于老年人理想生活的观点:

- 比受访者年长的人(例如,年近 80 岁的老人,80 多岁的老人,90 多岁的老人)

- 在筛查时,简版老年抑郁量表得分相对较高的人

- 没有孩子,或者对与后代之间关系感到不满意的人

2. 我也想知道，这些人是否会使用不同的策略来保护他们的自我意识。

第 3 轮(C 太太、J 太太、H 先生、C 太太、K 太太)   100

A. 达到饱和的范畴/概念

身体舒适

心理舒适

比较标准

B. 新的或进一步发展的范畴/概念

继续做自己

    1. 拥有成为自我的自由

        a. 继续做自己

        b. 成为自己想要成为的人

    2. 与他人和睦相处

        a. 拥有做自己想做事情的自由

            i. 身体舒适＝肢体舒适

            ii. 心理舒适＝心情舒适

努力/策略

    1. 行为的

        a. 维持健康

            i. 饮食

            ii. 锻炼

            iii. 寻找各种健康维护方法的信息

        b. 学习英语

c. 利用可用的资源/服务

d. 为将来的事情(例如,虚弱、衰弱/癌症晚期、死亡)做好准备

    i. 寻找关于预立遗嘱/其他临终关怀的信息

    ii. 试图与后代分享他们想要如何去世的想法

    iii. 每天都为死亡的到来做好准备

       1. 睡觉时穿白色衣服

       2. 生活简单;清理衣柜/厨房

e. 创造可以在晚年和/或业余时间实现自己生活意义的项目/活动

f. 避免可能会使自己感到痛苦的处境

    i. 不提供未经请求的建议;在后代前来咨询建议/意见之前,不要询问他们关于事业/家庭的问题

    ii. 与子女分开居住

2. 认知的

a. 宗教信仰

    i. 基督教:满足并感激上帝所赐予的

b. 文化信仰

    i. 八字——"我命中注定要过我所过的生活。"

    ii. 长辈对晚辈的爱

       1. 将父母角色从"给予者"重新定义为"接受者"

    iii. 孝道

       1. 重新定义孝道的含义

       2. 重新定义孩子如何践行孝道

    iv. "贪婪无止境"

    v. "树大招风"

  c. 巧妙地处理比较标准

C. 初步假设

  1."美好生活"和主观幸福感不是同一个概念。

    a."美好生活"＝理想的生活

    b. 主观幸福感＝在对实际生活和理想生活进行比较之后,对个体的生活质量作出的判断

  2. 晚年的理想生活＝与他人和睦相处的同时,能继续保持自我

  3. 与老龄化和移民相关的变化经常阻碍老年人保持自我意识。这些变化经常会迫使他们去依赖别人,特别是他们的后代,并且限制他们做自己想要/需要做的事情的自由。这样做的后果是,老年人会感到失去了自我,也就是他们一直以来的样子和他们想成为的样子。

  4. 主观幸福感是个体在认知评估和应对过程中产生的结果。老年人将自己的生活处境与理想的生活进行比较。如果发现存在差异,他们就会努力缩小两者之间的差距。这些努力可以分为两种:行为的和认知的。

  5. 随着与老龄化和移民相关的变化不断发生,老年人需要不断努力保持自我意识,为自己创造积极的幸福感。 102

  6. 并非所有的努力都能产生积极的结果。那些强调生活质量的主观方面并认为幸福不是别人给予的人,在为自己创造幸福方面是有效的和成功的,并且表示自己过着美好的生活。

D. 问题

  1. 鉴于研究的性质,我只能探索老年人如何定义他们是谁,以及他们过去的生活经历如何支持他们现在的自我定义。由于老年人重新建构和解释他们的生活经历是为了在他们的自我意识中创造一致性,我想

知道,当他们保持自我意识的努力失败时,老年人是否对他们是谁进行了重新定义。我想知道,这是否是老年人为了创造积极的自我意识而使用的最有力的认知处理努力。如果我在未来一两年内访谈这 15 名受访者,他们是否还会以同样的方式看待自己并评估自己的生活处境。

2. 个体所具备的某些个人特征(例如,坚韧、不屈不挠)似乎会影响他们如何应对不那么完美的生活处境。我想知道,那些不具备这些特征的人是否会运用不同的应对策略,并以不一样的方式评估他们的幸福感。

评估质量

本章主要讨论扎根理论的经典版本以及较新版本中关于质量的概念。本章强调，在扎根理论中，可信度（credibility）既与扎根理论方法的运用有关，同时也与最终生成的理论及其在实践中的适用性（applicability）有关。本章探讨了如何将社会工作领域的作者关于评估和提高定性研究质量（quality of research）的相关成果运用到扎根理论研究中。本章还包括在社会工作扎根理论研究中如何处理质量问题的例子。与其他章节一样，本章以推荐练习作为结束，以供读者评估扎根理论研究，提高自己研究的可信度／效度。

定性研究的质量标准

关于定性研究的质量问题，长期以来都存在着较大的争议。事实上，这个问题在定性研究中有着曲折的历史。在被广泛接受为正统的研究方法之前，定性研究通常是运用定量研究的标准来进行评估的，例如，假设检验、信度测量和可推广性（generalizability）

等。毫无疑问,定性研究无法达到这些(定量的)标准,因为它无法检验假设,它的方法不是客观的(没有单盲或双盲研究,没有标准化的测量方法),并且它的研究结论也不具有普遍性(例如,没有较大的随机样本)。

作为回应,定性研究者开始制定自己的评估标准。最初,这些标准仍然借鉴当时占主导地位的定量研究群体所使用的标准。早期为定性研究开发的一套标准实际上与内部效度(internal validity)、外部效度[(external validity),可推广性]、信度(reliability)、客观性等定量标准十分类似,被称为"可信度"、"可迁移性"(transferability)、"可靠性"(dependability)和"可证实性"(confirmability)(Lincoln & Guba,1985)。可信度意味着研究具有内在的一致性,可迁移性是指研究结论在其他情境中的适用性,可靠性指的是研究方法的一致性,可证实性意味着研究结论应该代表受访者的情况,而不是研究者的主观观点。虽然这些标准可能有助于在以定量为导向的"守门人"[例如,编辑委员会(editorial boards)、资助者]那里使得定性研究合法化,但有很多定性研究者无法接受它们。

任何关于"质量"的定义都与认识论假设有着内在联系,因此,关于质量构成要素的讨论很快就提出了对事实的本质(本体论),以及研究者是深入到事实"内部"还是作为客观局外人等问题。认识论不仅决定了一项高质量研究的标准是什么以及如何对其进行确认,还决定了单一的、可知的"质量"定义到底是否存在(参见第一章的相关讨论）。虽然这套"相似的"标准可以成功地运用于遵循"后实证主义"世界观的定性方法，但它们与建构主义和后现代主义的研究模式并不匹配（Morrow，2005）。如果所有的知识都是建构的或者共同建构的，那么旨在挑战研究者"主体性"（subjectivity）的标准就不适用了。在建构主义世界观中，并不存在一个"真理"或"现实"在那里等着被研究者发现。由于该模式不期望一致性，因此诸如成员检验（member checking）或三角检验（triangulation）之类的技术都是不适用的。同样，在建构主义和后现代主义的研究中，关于什么是高质量研究的构成要素也没有形成明确的共识。

几年后，同一作者又围绕"真实性"（authenticity）提出了第二套"内部的"（intrinsic）定性标准（Lincoln & Guba，1985）。这套标准包括"公平合理性"（fairness）、"本体论的真实性"（ontological authenticity）、"教育的真实性"（educative authenticity）、"刺激因素的真实性"（catalytic authenticity），以及"策略的真实性"（tactical authenticity）。这些标准解决了将遵循"后实证主义"假设的标准运用于不假定存在可知现实的研究而产生的问题。因此，"真实性"的标准要求探索和提出不同观点，并邀请受访者作为合作研究者来发展和提出他们的观点，就会成为首选。

不同的定性方法有不同的目标，这就使得如何确定定性研究的质量问题变得更加复杂。因此，即使对于具有相同认识论假设的方法，也可能并不存在一套单一的质量标准。例如，在行动研究

(action research)中,质量标准可能包括社会变革、社会行动,以及研究结论拥有多大程度的话语权(Morrow,2005)。其他一些(定性)传统则反对任何"评判质量的标准",因为这个概念植根于社会的不平等,只有最具特权的人才能作出判断。

106

最后,质量有很多不同的面向,在不同标准中强调的是哪些面向并不总是十分清楚。一些标准侧重于偏见的问题。例如,帕吉特(Padgett,2008)关注的是偏见的类型及其预防办法。她编制了一份研究者可以运用到自己研究中的活动清单,以减少不同来源的偏见。其他人则强调了研究的认识论、方法论、结论以及启示之间的一致性(Drisko,1997)。还有一些人关注的是方法论本身的应用,或者研究成果的价值。有些时候,人们提出的标准清单综合了质量的不同面向,这可能会令人感到困惑。

扎根理论研究中质量标准的发展

扎根理论的目标是生成理论这一事实,使得扎根理论的质量标准与其他定性传统有所不同。由于扎根理论提供了一种相当明确的方法论,因而对扎根理论研究质量的评估通常会强调研究者遵循扎根理论方法的程度。在扎根理论研究中,还可以对研究中生成的理论进行评估。基于这些差异,扎根理论研究者就有必要去了解扎根理论的传统是如何看待质量的。早在林肯和古帕(Lincoln & Guba,1985,1989)试图在定性研究中界定和评估质量之前,格拉泽和施特劳斯(Glaser & Strauss,1967)就提出了评判扎根理论研究质量的标准。这些标准既涉及研究的过程（研究是如何进行的），也涉及研究的产出（理论本身）。

与运用扎根理论方法有关的标准

在《扎根理论的发现》中，格拉泽和施特劳斯使用两章的篇幅讨论了质量问题，并指出用来评估理论验证研究（定量）的标准并不适用于旨在生成理论的研究（如扎根理论）。在第一章［标题为《扎根理论的可信度》(*The Credibility of Grounded Theory*)］中，他们意识到研究者偏见可能会影响到研究中生成的理论的可信度。

107

> 社会学家经常在自己没有意识到的情况下，提出一种体现其个人理想和职业/社会阶层价值观的理论，以及一些流行的观点和没有事实根据的观点；同时，他还会有意从一些正式理论中作出合乎逻辑的推论，而这些理论正是他在研究生时代就已经投身其中的。(Glaser & Strauss, 1967, p.238)

对格拉泽和施特劳斯来说，研究者提高可信度的最重要途径就是严格遵循扎根理论方法。他们建议仔细检查资料是如何收集的，访谈对象是谁，观察了什么，作出了何种比较，以及研究者是如何得出结论的。他们认为，如果研究者使用不断比较的技术，并严谨地使他/她的概念和范畴达到饱和，那么得到的理论就会是可信的。他们提出了几种关键技术，也是扎根理论方法的一部分。

> （研究者）相信，不是因为随意的判断，而是因为他付出了很多努力才得以发现他自认为可能知道的东西，从他调查的

开始到获得可公布的结论之间的每一步都是如此……一名田野工作者了解他所知道的,不仅是因为他在实地待过以及他已经进行了严谨的探索并形成了假设,还因为他"从骨子里"感觉到了自己最后的分析是有价值的。他已经进行了长达数月的局部分析,并且在每一个步骤中都对它们进行了检验,直到他建构出自己的理论。(Glaser & Strauss,1967,p.225)

格拉泽和施特劳斯十分相信基于严谨运用扎根理论方法形成的理论,部分原因是这些结论是基于对社会世界的沉浸。这正是芝加哥学派田野研究的重要组成部分。

然而,置身于一个不同于自己所处社会世界的生活和行动领域,会带来重要的收获。在某种意义上来说,在这个社会世界中密切观察的田野工作者已经生活在那里。他已经充分沉浸在这个世界中去了解它,同时也保持了足够的距离感,以便从理论上来思考他所看到的和所经历的事情。(Glaser & Strauss,1967,p.226)

《扎根理论的可信度》这一章还为扎根理论研究者提供了应该如何向他人传达所发现理论的可信度的相关建议。

……在描述与所研究的社会世界相关的资料时是如此生动,以至于读者可以像研究者一样,几乎可以看到和听到研究对象群体——但总是与理论有关……他可以直接引用他无意中听到的访谈或谈话。他可以在现场的田野记录中加入戏剧

性的片段。(Glaser & Strauss，1967，pp.228 - 229)

格拉泽和施特劳斯(Glaser & Strauss，1967)讨论的另一种策略是寻找反面案例或备择假设(alternative hypotheses)。

总之,格拉泽和施特劳斯(Glaser & Strauss，1967)认为,运用不断比较的方法能够克服研究者偏见是因为它要求研究者跟踪自己想法的演变过程。他们基于扎根理论方法提出了以下几种提高可信度的策略:(1) 沉浸在田野中;(2) 在田野中提出并检验假设(而不是在开始收集资料之前);(3) 使用备忘录跟踪想法的演变;(4) 使用详细而生动的描述来支持结论;(5) 寻找备择解释(alternative explanations)和反面案例。

与扎根理论本身有关的标准

除了严谨运用方法之外,还可以根据所提出理论的质量来评估扎根理论。基于此,格拉泽和施特劳斯认为,有责任确保研究者与读者拥有共享的可信度。"无论如何,理论的整合度和清晰度将增加同行接受其可信度的可能性。"(Glaser & Strauss，1967，p.230) 也就是说,他们认为读者会根据自己先前的知识和经验来考量一项研究,并运用它们来衡量理论是否可信。

> 研究者应该提供足够清晰的理论描述和陈述,以便读者能够仔细评估所提供理论框架的可信度……对读者来说,最基本的原则就是,重要的理论解释应该予以明确……(Glaser & Strauss，1967，p.233)

109

格拉泽和施特劳斯强调，一个好的扎根理论应该适用于现实世界，这对社会工作者来说尤其重要。也就是说，可信度的一个重要标准是该理论在实践中是否有用。"该理论在许多情境中都适用并能够加以调整，同时具有足够的准确性来指导他们的思考、理解和研究。"(Glaser & Strauss，1967，p.233)这一点在《扎根理论的发现》第二章《运用扎根理论》(*Applying Grounded Theory*)中关于扎根理论研究的质量评估部分作了详细阐述。在这一章中，格拉泽和施特劳斯描述了运用扎根理论需要具备的四种特性(见专栏 5-1)：(1) 符合；(2) 实务领域的人能够理解；(3) 理论必须具有足够的普遍性，以适用于多种情境(不能过于狭隘)；(4) 理论必须允许使用者对实务情境中发生的事情有一定的控制感。最后一项特性对社会工作者以及其他旨在利用扎根理论干预社会情境的专业人士而言尤为重要。

专栏 5-1　在实践中运用扎根理论的标准

- 符合；
- 实务领域的人能够理解；
- 理论必须具有足够的普遍性，以适用于多种情境；
- 理论必须允许使用者对实务情境中发生的事情有一定的控制感。

(来源：Glaser & Strauss，1967)

格拉泽和施特劳斯认为,当研究者"生硬促成"自己的理论时,这一理论就不可能很好地"符合"实务领域。第二个标准是,理论必须是能够被理解的,这不是针对其他研究者,而是针对那些在该领域开展实践的人而言。"与某个领域的实际情况密切相关的、扎根于现实的实质性理论(substantive theory)应该有意义,也能够被实务领域的工作者理解。"(Glaser & Strauss,1967,p.239)格拉泽和施特劳斯假定,扎根理论研究将会由社会学家开展,然后由社会工作者和护士等专业人士加以运用。他们将专业人士或"外行"对扎根理论的运用视为进一步提高理论效度的方式,因为这些人可以在自己的工作中对其进行检验。

110

> 此外,这些概念在社会学家的理论思维以及关注实务领域的人们的实践思维之间架起了必要的桥梁,从而使得两者都能够理解和运用理论……特别是,这些概念允许这个人[实务工作者]在他最初的理论运用中提出并检验自己喜欢的假设。无论这些假设被证明是正确的还是错误的,答案都与实质性理论有关,这对假设的解释以及理论运用的进一步发展都是有所助益的。(Glaser & Strauss, 1967,p.241)

格拉泽和施特劳斯认为,理论需要适用于"复杂条件和不断变化的日常情境……我们相信,运用该理论的人在运用的过程中能够修改、调整或迅速地重新建构起一个扎根理论,因为他试图跟上并应对他希望改善的现实处境"(Glaser & Strauss, 1967,

p.242)。在这种情况下,"这个人"会是一名实务工作者,例如,一名
社会工作者或一名护士。这名实务工作者不仅是运用理论的人,
而且还是扎根理论研究者的真正合作伙伴,能够将理论运用到实
践情境中[关于扎根理论中"关系性"(relationality)的讨论,参见
Hall & Callery,2001]。

运用扎根理论的第三个标准是"普遍性",意味着理论可以适
用于各种情境。这个部分明确指出,实务工作者对理论的运用(并
使其适应情境)对理论的检验而言是至关重要的。

> 这种多样性促进了理论的发展,既有足够数量的、与大多
> 数情境相关的一般概念,又有范畴之间的合理关系,用来解释
> 在这些情境中的许多日常行为……因此,从某种意义上来说,
> 实践应用是对理论的进一步检验和验证。(Glaser &
> Strauss,1967,pp.233-244)

显然,扎根理论的创建者预见了实务工作者与研究者之间的
合作。而格拉泽和施特劳斯在《扎根理论的发现》中《运用:控制》
111 一章中讨论的最后一个标准,对于社会工作者以及其他实务工作
者也同样十分重要。

> 实质性理论必须能让使用它的人在日常情境中拥有足
> 够的控制感,从而使得理论运用是值得尝试的……运用该
> 理论的人必须能够理解和分析正在发生的现实处境,创造
> 并预测其中的变化,预测和控制发生变化的对象以及整个

情境中其他可能受到影响的部分的后果。(Glaser &
Strauss，1967，p.245)

概括而言,格拉泽和施特劳斯认为:

> 一个包含可控概念、具有足够普遍性、符合(实务领域)并
> 且易于理解的理论,能够在不同的情境中为任何想要运用这
> 些概念来实现改变的人提供一个可控的理论立足点。概念性
> 变量作为理论的一部分,通过在使用者可能遇到的大多数情
> 况中指导理论的运用,使其可控性得到了增强。(Glaser &
> Strauss，1967，p.245)

除了他们可以控制的概念之外,格拉泽和施特劳斯还重视能
够帮助实务工作者了解哪些条件适用于该理论,在特定条件下他
们可以预期什么后果,以及什么条件可能会决定谁获得控制权等
概念。例如,医生可以控制医院死亡信息的知晓(公开)情况,但护
士也可以通过与医生的接触来掌握这些信息。因此,在理想的情
况下,在理论中加入组织文化非常重要。

在结束关于扎根理论的运用这一章时,格拉泽和施特劳斯回
顾了杜威及其实用主义根源。

> 此外,正如杜威为我们所阐明的那样,扎根理论既是在
> 情境中(in situations)适用,也适用于情境(to situations)。
> 因此,人们在已经生成扎根理论的情境中,就可以将其运
> 用到日常事件的自然过程中。(Glaser & Strauss，1967，

pp.249 −250)

从本质上来讲,格拉泽和施特劳斯认为,扎根理论研究对质量的真正检验是基于理论在实践中的有用程度。事实胜于雄辩(the proof is in the pudding)。

112　　本节详细描述了格拉泽和施特劳斯(Glaser & Strauss, 1967)提出的原始标准。虽然格拉泽和施特劳斯关于可信度的标准广为人知并且得到了广泛运用,但其中关于理论在实践中的适用性的标准很少受到关注。作为一名社会工作研究者,我对他们描述的研究者与实务工作者之间的伙伴关系,通过归纳生成理论,在实践情境中检验理论,以及根据需要共同修改理论等内容感到相当兴奋。正是这种真正以理论为基础的实践之愿景,使得扎根理论模式在社会工作领域中拥有相当广阔的前景。

扎根理论中关于质量的最新观点

格拉泽(Glaser, 1978)阐述了他最初与施特劳斯一起制定的标准(如上所述),强调"契合性""有效性""相关性"和"可调整性"的标准。这些标准在格拉泽后期的著作中也得到进一步阐述(Glaser, 1998; Stern & Porr, 2011)。施特劳斯和科宾(Strauss & Corbin, 1990)亦对此作出了进一步阐述,他们重点关注的是研究者的使用程序(见专栏5−2)。"在实际的分析过程中,读者并没有真正在场,专著也不一定能够帮助他们想象这些过程或它们的顺序……要有足够的细节,为人们判断研究过程的适当性提供一些合理的依据。"(Strauss & Corbin, 1998, p.269)

专栏 5 – 2　评估扎根理论方法运用的标准

- 原始样本是如何选取的?

- 出现了哪些主要范畴?

- 指向这些范畴的标识有哪些?

- "理论抽样"是建立在哪些范畴的基础上?

- 关于范畴之间的概念关系有哪些假设?

- 是否存在假设无法解释资料中所发生事情的例子?

- 核心范畴是如何以及为何被选择的?

(来源：Strauss & Corbin，1990)

他们还为高质量的扎根理论研究确定了九项标准,重点关注的是在研究过程中生成的理论(见专栏 5 – 3)。

113

专栏 5 – 3　评估扎根理论研究中生成的理论的标准

- 生成了概念吗?

- 这些概念之间是系统地关联起来的吗?

- 范畴具有"概念丰富性"(conceptual density)吗?

- "差异"是理论的一部分吗?

- 有更广泛的条件能够解释这些差异吗?

续

- 考虑了"过程"吗？
- 理论发现似乎很重要吗？
- 理论经得起时间的考验吗？

（来源：Strauss & Corbin，1998）

最近，卡麦兹(Charmaz，2006)从建构主义范式出发考虑了如何对扎根理论进行评估。她提出了四个标准："可信度""原创性""共鸣"和"有用性"。与建构主义观点一致的是，她并没有把这些标准作为评估扎根理论研究的唯一"正确"方式，而是作为"可能给你一些想法"的标准(Charmaz，2006，p.182)。"用于评估某项研究的标准取决于谁建立了它们以及他/她提出(这些标准)的目的……我们需要考虑我们的读者，无论他们是老师还是同事。他们会根据我们最终生成的理论的质量来判断我们所使用方法的有用性。"(Charmaz，2006，p.182)

最后，伯克斯和米尔斯(Birks & Mills，2011)在最近的一部著作中提出了影响扎根理论研究质量的三个因素：研究者的专业知识、方法的一致性和过程的精确性。他们还讨论了扎根理论在实践情境中的运用，并说明了从理论转向干预的过程。

社会工作视角下的定性研究评估

虽然目前在定性研究中还没有一套公认的质量标准，但社会工作领域的作者为定性研究的评估这一更宽泛的问题增加了有益

的视角。这些都不是扎根理论所特有的,但它们仍然很重要,因为 114
它们被广泛用作社会工作领域的标准。德里斯科(Drisko,1997)
主要关注如何展示定性研究,并提出了六项标准:(1)所选取哲学
基础/认识论的识别;(2)读者和目标的识别;(3)研究方法的详细
说明;(4)偏见的识别;(5)社会工作伦理的维护;(6)确保结论与
研究的哲学基础、目标以及所提供资料之间的一致性。将这些标
准应用于扎根理论,其中至少有四项[(1)(2)(3)和(6)]要求研究的
目标应该与扎根理论的目标一致,并且一个将自己的方法论描述为
扎根理论的作者应该提供证据表明他/她确实使用了扎根理论方
法。既然扎根理论的目标是生成理论,那么一项标榜自己采用了扎
根理论的研究就应该以理论生成为目标。此外,其方法论还应该包
含扎根理论的主要组成部分。其研究结论应该是可以运用扎根理
论的术语来识别的(例如,概念和范畴是可识别并相互关联的)。

　　虽然扎根理论方法旨在减少偏见(第4项标准),但偏见的明
确陈述并不是经典扎根理论传统的一部分。第5项标准同样是对
扎根理论传统的一个有益补充,因为扎根理论传统是在研究的伦
理监督(参见第六章的讨论)出现之前就发展起来的。

　　德里斯科(Drisko,1997)强调了目标和方法保持一致的重要
性,这对社会工作而言是一个特别重要的贡献,然而遗憾的是,社
会工作研究者并不总是能够达到这个标准。如果我们使用桑德洛
夫斯基和巴罗索(Sandelowski & Barroso,2003)提出的评价定性
研究的等级体系(见图5-1),这就变得更加显而易见。等级范围

包括从"没有发现"的研究到提供"解释性理解"(interpretive explanations)的研究。在"主题调查"(thematic survey)中,研究者确定了共同的主题,但这些主题没有得到充分的描述或解释。相反,像定量研究一样,它们被计数并以频率列表的形式呈现。在"概念/主题描述"(conceptual /thematic description)研究中,主题得到识别和描述。资料可以用来支持主题并显示其维度。但是,识别的主题彼此并不相关,其范畴、后果、维度或条件也没有得到发展。因为这些主题只是简单地罗列出来,彼此之间没有联系,所以它们并不能构成一个得到充分发展的理论。

¹¹⁵

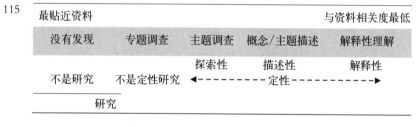

图 5-1 定性研究发现的类型

(来源:Sandelowski & Barroso,2003)

扎根理论属于最抽象的层次,即"解释性理解"的研究,它将资料转化为

> 对某些现象、事件或案例提出扎根理论、民族志或其他完整的解释……与那些没有将调查专题和主题联系起来的研究发现相比,或者与那些在概念/主题上仅描述经验要素而不作出解释的研究发现相比,解释性理解为某些现象提供了一个

连续模型，或者说一个论述因果关系或本质的单一论点或论证路线。此外，这些解释也充分考虑了样本和资料的相关变化。(Sandelowski & Barroso，2003，p.914)

"主题调查"和"概念/主题描述"的研究都不适合被称为"扎根理论"研究。最近针对自称为"扎根理论"研究的社会工作文献进行的综述(O'Connor，Netting，& Thomas，2008；Oktay，2006；Wells，1995)表明，关于什么构成扎根理论研究仍然存在混淆。有着各种目标的社会工作研究者声称他们使用的是扎根理论，然而这些技术并不太适合他们的目标(O'Connor，Netting，& Thomas，2008)。一些作者将"扎根理论"与"定性研究"交替使用，因为他们认为，当对一个议题知之甚少的时候使用扎根理论是合理的。有些人则将开放编码程序作为给某项研究贴上"扎根理论"标签的正当理由。这是不合适的，因为开放编码在许多类型的定性研究中都很常见。在扎根理论中，编码是在资料收集与资料分析交替进行的多阶段过程中与不断比较、理论抽样等其他技术一起使用，并且是以生成中层理论为目标的。

116

在帕吉特(Padgett，2008)关于社会工作定性研究的著作中，可以看到一种不同的质量评估方法。帕吉特主要关注的是开展研究的过程，她提出了定性研究中三种常见的偏见来源，并开发了一套研究者可以用来减少偏见的通用方法。这三种潜在的偏见来源包括"感应性"(reactivity)、"研究者偏见"和"受访者偏见"。"当观察和解释被研究者的认知与个人观点影响时，研究者偏见就会产生。情感陷阱

(emotional pitfall)也会导致研究者偏见。"(Padgett，2008，p.184)感应性意味着由于研究者在场导致情境或受访者发生变化而产生的偏见。一个显而易见的例子可能是关于违法行为的研究，当研究参与者知道自己正在被观察时，他们的行为表现可能就会非常不同。当受访者为了取悦研究者(这在定量研究中被称为"社会期望")或使自己看起来不错而歪曲自己或自己的文化时，就会出现"受访者偏见"。对帕吉特来说，上述每一种"效度威胁"(threats to trustworthiness)都可以通过"长期参与"、"三角检验"、"同行汇报/支持"(peer debriefing/support)、"成员检验"、"反面案例分析"、"跟踪审查"等一系列技术的运用来使其降到最低限度(见图 5-3)。

117

表 5-1 效度威胁

效度威胁 策　略	感应性	研究者偏见	受访者偏见
长期参与	＋	－	＋
三角检验	＋	＋	＋
同行汇报/支持	0	＋	0
成员检验	＋	＋	＋
反面案例分析	0	＋	0
跟踪审查	0	＋	0

＋：减少威胁的积极作用
－：减少威胁的消极作用
0：没有效果
(来源：Padgett，2008)

帕吉特将莫罗和史密斯(Morrow & Smith，1995)开展的一项研究作为范例进行了介绍，这项研究使用了上述所有策略。莫罗和史密斯针对儿童时期曾遭受过性虐待的女性开展了一项扎根理论研究。他们在16个月的时间里进行了多次访谈(长期参与)。他们每周与一个跨学科的研究小组会面(同行汇报/支持)。他们能够通过访谈、焦点小组的录像带和文档对资料进行三角检验。他们邀请研究参与者作为共同研究者(成员检验)。除了按时间顺序叙述他们的活动之外，通过备忘录以及关于编码方案是如何随时间的推移而不断发展的记录所开展的检查也成为其方法论的一部分。最后，他们还积极寻找了与事实不符的证据(反面案例分析)。

由于帕吉特的建议是针对所有定性研究而不是专门针对扎根理论提出的，因此将这些提高效度的机制与格拉泽和施特劳斯在《扎根理论的发现》(Glaser & Strauss，1967)中讨论的机制进行比较将非常有趣。他们对"沉浸在田野中"的关注与帕吉特的"长期参与"相似。格拉泽和施特劳斯强调在田野中检验理论，这与帕吉特所说的"成员检验"有关。成员检验也类似于"契合性"与"可理解性"(understandability)的标准。在扎根理论中使用备忘录类似于帕吉特使用日志和"跟踪审查"。格拉泽和施特劳斯谈到了生动的描述，这类似于帕吉特的"深描"(thick description)(Padgett，2008)——最初由格尔茨(Geertz，1973)提出。最后，帕吉特在其著作的早期版本(Padgett，1998b)中提到了寻找反面案例。帕吉

118

特的"同行汇报"机制,在经典版本的扎根理论著作中并未被提及,但对社会工作扎根理论研究来说是一项非常有价值的补充。

今天的扎根理论研究者应该做些什么

在扎根理论领域(更不用说更广泛的定性研究领域),各种标准以及诸多建议与规范可能让人不知所措。将这些标准视为重要的目标可能会有所帮助,如果不能总是实现这些目标,也不要灰心丧气。一些标准只是与某些特定类型的研究更相关,一些标准对研究设计更有用,而另一些标准则在评估已经完成的研究时更有价值。扎根理论的一些目标只有在理论被运用于该领域之后才能知道,而这可能是在理论发表多年之后了。

重要的是在研究开始时就着手考虑质量标准,而不是等到研究结束时才开始考虑。第二章讨论了扎根理论研究的恰当目标和条件,与本章提出的质量评估问题高度相关。这一讨论包括方法论的适用(正如在扎根理论著作中详细讨论的那样),但同样重要的是还强调了扎根理论的目标是理论生成,并讨论了如何选择适当的研究问题以及与研究者的性格(temperament of researchers)相关的议题。当你在设计一项研究时,重要的是要注意与方法运用有关的质量标准。同样重要的是,要仔细考虑研究目标、研究问题和方法在多大程度上与计划开展的研究是一致的,以及研究者的特征(理论敏感性和性格)与计划开展的研究之间的契合度。特定研究者对某一问题的理论敏感性是高质量扎根理论研究的另一

个重要组成部分。通常情况下，通过对潜在问题进行预测，低质量　119
的研究也可以在一开始就被改造成一项好的研究。正如第二章所
讨论的，偏见甚至可以在研究开始之前就得以避免，即在选择主题
时考虑到潜在的偏见。通常情况下，可以通过改变主题或方法的
重点来减少研究中的偏见（参见第二章的讨论）。

今天的扎根理论研究者既应该考虑扎根理论方法创始人的早
期建议，也要考虑近期的一些建议，从而与扎根理论和定性研究的
发展在总体上保持一致。与研究方式和研究生成的理论质量有关
的经典标准都非常重要。

无论是否属于扎根理论传统，所使用的机制都需要反映自己
所开展的研究。除了格拉泽和施特劳斯提到的技术之外，扎根理
论研究者有时还可以通过运用其他定性方法中发展起来的某些方
法来强化他们的研究。然而，无论你使用什么技术，都应该符合自
己所开展研究的理论基础和哲学假设。作为一个实用主义者，我
会使用任何我认为对特定研究有价值的技术。在考虑有关如何进
行研究的标准时，研究者可能往往会过多地关注技术，而没有充分
考虑最有可能影响特定研究的偏见来源。一项使用了六种技术的
研究并不一定比使用五种或四种技术的研究具有更高的质量。可
信度或效度不仅取决于使用了多少种技术，还取决于如何应用这
些技术，更重要的是，还需要考虑到这项研究中最有可能出现哪些
威胁。

如果合适的话，我会使用同行汇报，并尝试邀请来自不同领

域和/或持有不同观点的汇报者。如果你想要将自己的理论运用于实践,那么邀请社会工作者参与进来将是非常有价值的。一些建构主义模式要求研究者在整个研究过程中进行自我探索。一些作者(Hall & Callery,2001)建议扎根理论研究者将反身性(reflexivity)纳入他们的研究中。姆鲁克和梅伊(Mruck & Mey,2007)说明了反身性是如何与扎根理论研究的每个阶段相关的。我在自己的所有研究中都使用了反身性日志(reflexive journal),发现它非常有用。"关系性"是一个来自参与式行动研究(participatory action research)的概念(Hall & Callery,2001)。我发现在研究中加入一个社区咨询委员会(community advisory board)可能是一个非常重要的组成部分,尤其是如果这项研究对社区有实际效用的话。社区顾问不仅可以帮助解释意想不到的结果,以及提出一些你可能未曾想到过的问题,而且还可以有助于研究启示的形成和研究结论的传播。

即使你已经尽了最大的努力去开展一项高质量的扎根理论研究,你还是无法确定所生成的理论是否满足"契合性""可理解性"和"相关性"等标准。那时你也不可能知道自己的理论是否适用于某一领域,以及是否能够对该领域作出贡献。当我在会议上展示研究结论时,我经常会得到有价值的反馈。例如,当我展示有关"乳腺癌患者的女儿"研究结论的海报时,许多人会过来对这些结论发表评论。但也总有一些人会走上前来,突然停下来仔细检查海报,盯着上面的引文,逐字逐句地阅读,有时甚至还会潸然泪下。几乎所有这些人自己就是"女儿"。有时我们会聊天,但有时我只是让她们与研究相联结。无须言语,我就能感知到她们的反应。当这一切发生时,我就知道自己已经发现了一些真实的东西。

由于扎根理论研究会生成理论,因此对扎根理论的评估不仅仅是对方法如何得以运用的评估,还应该包括对所生成理论的评估。扎根理论研究还应该讨论研究结论对实践领域的影响。当那些与我的研究对象群体一起工作的实务工作者发现我的研究发现与他们的经验一致,并且能看到他们如何在实践中运用该理论时,我就会对自己的研究质量感到非常满意。在我写的关于乳腺癌患者的女儿的书(Oktay,2005)中,我列出了直接从理论中得到的一系列实践启示。例如,其中的一个发现是这些家庭中的沟通很困难,所以我增加了关于社会工作者可以做些什么来改善沟通状况的讨论。由于年龄和疾病阶段是我在分析过程中的重要范畴,因此我的建议就是围绕特定的年龄和阶段范畴而提出的。在与那些针对有孩子的家庭开展工作的实务工作者交谈时,我写道:"有年幼女儿的家庭更有可能需要在关于疾病的沟通方面获得帮助,因为在有年长女儿的家庭中,沟通往往更为开放。患有乳腺癌的女性需要学习如何与家人,特别是儿童和青少年分享信息,从而避免使她们受到惊吓。"(Oktay,2005,p.314)

社会工作扎根理论研究范例的说明

121

我之所以选择这三个研究范例,准确来说是因为我认为它们符合高质量社会工作扎根理论研究的重要标准。每一个研究范例都旨在生成理论,关注的都是可以用个人-环境视角(符号互动论)来开展研究的问题,都在具备强烈理论敏感性的同时避免了偏见,都运用了扎根理论方法的主要组成部分,都通过采用减少偏见所带来影响的方法提高了可信度,都生成了理论(例如,丰富的概念和范畴以及它们之间的关系),并从理论中引出了对实践的启示。其中的许多特征已经在前面的章节中进行了讨论。在此,我将重点放在提高可信度的方法,以及理论在实践中的运用。

范例 1:阿拉吉亚的扎根理论研究

阿拉吉亚(Alaggia,2002)在她的研究方法部分写道:"在定性研究中确立效度,可以确保可信度、可证实性、可靠性和可迁移性。我们采取了多项确保效度的措施,例如,长期参与、持续观察、成员检验和同行评审。"(Alaggia,2002,p.43)她接着描述了自己如何通过招募、两到三个小时的访谈以及后续电话联系等方式与受访者建立起紧密的关系。她利用"关键专家"(同行汇报)来探索备择假设(反面案例分析)。成员检验是通过三位受访者的认同来完成的,他们讨论并详细阐述了研究者的解释。就理论的应用而言,阿拉吉亚在她的论文中加入了"对评估和处遇的启示"这个部分。

> 使用系统的评估框架可能有助于更好地确定优势、关注的领域以及干预的途径。对于那些支持受虐儿童的母亲,临床工作者需要明确识别并强化其支持性反应。在母亲不太支持的情况下,临床工作者则需要确定困难的根源,以便促进更

多的支持性反应。在发现/披露家内性虐待后母亲面临情绪
激动的情况下,表格中呈现的框架可以作为一种工具,用来评　122
估母亲反应的复杂性和随着时间推移而发生的变化,基于此,
可以针对介入领域制定具体的目标。(Alaggia,2002,p.52)

范例2:安德森和丹尼斯的扎根理论研究

在关于受虐妇女的成年女儿研究中,安德森和丹尼斯
(Anderson & Danis,2006)主要依靠成员检验和同行汇报来提高
其研究效度。她们向参与者提供了访谈的书面和口头总结,以及
对其进行纠正的各种机会。她们还与该研究之外的同行进行了
"持续磋商",以处理她们自身的印象并"保持客观性"(Anderson &
Danis,2006,p.423)。下列引文表明,她们还将研究结论运用到
了临床工作中:

> 对那些与受虐妇女的成年女儿一起工作的专业助人者而
> 言,帮助女性认识到她们的抵抗策略如何催生了她们自身的
> 抗逆力同样非常重要。通过认识到施暴者的虐待造成的压迫
> 性环境以及个体挑战这些压迫的各种方式,女性也许能超越
> 有关暴力的人际概念,并在女性主义的框架内发展出更加全
> 面的理解。(Anderson & Danis,2006,p.430)

范例3:殷妙仲的扎根理论研究

殷妙仲2008年的几篇论文最为注重运用扎根理论方法来确
保可信度。虽然他并没有在这些论文中明确讨论提高可信度的具

体方法,但他的论文(Yan,2002)包含了对效度和契合性问题的广泛讨论,并强调了他对"深描"的使用:"在本研究中,深描是研究结论和讨论章节的写作原则。为了反映参与者的观点,还大量引用了转录文本中的资料。"(Yan,2002,p.74)他还使用了跟踪审查和三角检验。殷妙仲还讨论了社会工作实务工作者应该如何运用他的理论。

123 为了具备文化敏感性,社会工作者应该将他们的文化评判从个人文化——无论是案主的,还是他们自己的——扩展到社会组织的文化。除了仅仅关注个人文化可能会如何影响问题产生的原因以及个体的应对能力,我们还应该更好地阐明其他文化,包括我们的组织和整个社会的文化如何影响我们的案主,以及各种形式的文化张力可能会如何影响我们的干预过程。(Yan,2002,p.327)

本章小结

本章讨论了使扎根理论研究难以确定明确的质量标准的因素。本章回顾了格拉泽和施特劳斯(Glaser & Strauss,1967)有关扎根理论可信度和适用性的原著,并讨论了最近的研究者是如何回应这个问题的。扎根理论注重评估理论本身对社会工作,尤其是对实务工作者的有用性,本章强调了这一点的重要性。在这一讨论中,本章补充了社会工作领域的研究者发表的有关论述,他们讨论了定性研究的评估,并讨论了提高研究可信度/效度的具体

方法;同时,本章还展示了上述讨论与扎根理论模式的关系。本章
使用我自己的研究和其他一些社会工作研究范例,说明了这些标
准如何运用于社会工作扎根理论研究。

推荐练习

1. 用格拉泽和施特劳斯根据扎根理论方法的运用方式提出的扎根理论
研究评估标准,对每一个研究范例进行评估。

2. 运用格拉泽和施特劳斯关于理论需要适用于实践的标准,对每一个研
究范例进行评估。你认为这些研究对社会工作实务工作者有用吗? 是如何
发挥作用的?

3. 对于上述三个研究范例,指出你看到的潜在的效度威胁。是否有理由
怀疑存在研究者偏见、感应性和/或受访者偏见? 例如,阿拉吉亚拥有多年针
对受访对象群体的临床工作经验。你认为这会产生潜在的偏见吗? 她使用
了哪些技术来减少这种偏见? 这些研究者还能做些什么来提高其研究效
度呢?

4. 想想你自己的研究,这三种偏见中的哪一种可能会损害你的研究项目
的效度? 你可以提出哪些方法来应对这些偏见?

5. 扎根理论研究者需要对那些对扎根理论方法甚至是定性方法不甚了
解的"守门人"(编辑委员会、资助者)作出回应。试想一下,如果一位审稿人
询问一些你认为不适合自己研究的问题,比如:"你如何基于这么小的样本进
行推广?"你可以如何回应他?

124

第六章

社会工作研究中的扎根理论：问题与展望

　　首先,本章论述了扎根理论如何受到社会工作研究各种最新进展的影响。包括为什么在今天开展扎根理论研究有时是困难的,以及当你想要生成理论却发现运用扎根理论方法不切实际时应该怎么做等相关讨论(正如在前面几章中已经讨论过的那样)。其次,本章讨论了扎根理论研究中的伦理问题和机构审查委员会提出的问题,还基于扎根理论研究范例说明了扎根理论研究发表的一些考虑。再次,本章讨论了计算机软件程序在扎根理论分析中的运用,以及扎根理论在混合方法研究中的运用。最后,本章还简要介绍了形式扎根理论(formal grounded theory),即整合定性研究(synthesizing qualitative research)的扎根理论模式,同样也提供了一些练习,旨在帮助读者将本章的内容应用到自己的研究中。

在当下的研究环境中开展扎根理论研究

　　前面几章已经运用格拉泽和施特劳斯(Glaser & Strauss,

1967)、施特劳斯和科宾(Strauss & Corbin,1990,1998)、科宾和

施特劳斯（Corbin & Strauss，2008），以及在某种程度上卡麦兹（Charmaz，2006）提出的模式来描述扎根理论。最早的版本（Glaser & Strauss，1967）至今已过去40多年，而它引用的那些研究则更早。格拉泽和施特劳斯在《死亡时间》(*Time for Dying*)中描述了他们的资料收集过程：

> ……不熟悉这种研究风格的读者只需要想象一下社会学家在每家医疗服务机构中相当自由地活动，告知工作人员他"研究临终患者及其身边发生的事情"的意图。他跟随服务提供者，观察他们的工作情况，有时还就相关细节问题向他们提问。他坐在护士站那里，倾听他们的谈话。他偶尔会向工作人员询问他见过或其他人向他描述过的事情。有时，他会花相当长的时间对工作人员进行采访，称其为"访谈"，甚至还可能会使用录音机。他旁听工作人员的会议。他每天都会跟进不同患者的病情进展，观察工作人员与他们之间的互动和对话。他与患者进行交谈，只告诉他们他正在"研究医院"。他的田野研究发生在白天、傍晚和夜晚；可能持续十分钟到几个小时不等。(Glaser & Strauss，1968，p.11)

格拉泽和施特劳斯对死亡的研究持续了很多年，在此期间，研究者对6家医院的病房进行了观察，后来他们又在欧洲观察了另外10家医院。研究结论分别收入三本著作——作为对扎根理论方法那本著作①的补充。随着格拉泽和施特劳斯意识到死亡具有不同的层面（例如，缓慢或迅速，意料之中或意料之外），他们开始转移到不同的情境中（理论抽样），从而得以通过"比较（compare）和对比（contrast）"（不断比较）来扩展他们的理论。他们有足够的时间继续开展研究，直至达到"理论饱和"。从那时到现在，研究环境已经发生了很大的变化。在格拉泽和施特劳斯提出他们的模式时，社会科学研究者并不需要使机构审查委员会感到满意，所以他们才能够（在1967年的著作中）建议将文献综述和理论框架搁置到扎根理论从原始资料中出现之后。很难想象今天会有这样的研究。正是基于这些条件，前面几章中讨论的扎根理论的主要组成部分才得以发展起来。然而，今天的研究者或许只能梦想如此自由地获取原始资料，就好像没有时间限制和其他的约束。

127

　　如今，扎根理论研究者在开始收集资料之前必须获得各种"守门人"的许可，如机构审查委员会、资助者、论文答辩委员会以及其他可能相关的人员。这些"守门人"通常并不了解扎根理论，只是运用定量研究的原则来审查所有的研究计划；其中，文献综述和清晰的理论框架是一项高质量研究的基本标准。这实际上与扎根理论模式存在冲突，因为扎根理论的研究问题应该是来自资料以及不断比较的过程，概念、范畴、条件和后果等也应如此。在扎根理

---

　　① 指《扎根理论的发现》。——译者注

论中使用理论抽样意味着，这些根本无法事先得知。

理论饱和是扎根理论的另一个特征，它经常给今天的研究者带来困难。无论是博士生、学术休假的大学教师，还是寻求资助的人，今天的研究者都应该事先了解自己所开展的研究会有多少案例，以及研究需要花费多长时间。但是，在扎根理论中，一项研究需要花费的时间是无法准确预测的。由于资料收集、编码和分析是同时进行的，而且事先不知道什么性质的资料会使理论概念达到饱和，因此实际上不可能预测研究的时间跨度。

除了难以预测需要花费多长时间之外，如今的研究者可能还无法奢侈地持续开展研究直至饱和。正如格拉泽和施特劳斯所指出的，分析过程需要有足够的时间来探究资料，或者"你会冒着收集到大量可能与理论无关的资料的风险"（Glaser & Strauss，1967，p.72）。对那些不太了解扎根理论方法的人来说，这可能很难解释。这也使得所有运用该研究方法来实现某一目标的人（比如一项受资助的研究或博士论文）感到不安。没有人愿意为寻求"理论饱和"开始一项可能会持续数年的研究。

有限扎根理论研究

我提出的扎根理论方法可能会被认为是理想的——一件值得为之付出努力的事情，但与此同时，这在现在的研究环境中也是不容易实现的。基于上述原因，今天的研究者可能难以使用扎根理论模式的所有主要组成部分。然而，如果研究的目标是提出一个新的理论，那么研究者就可以开展一项近似于扎根理论模式的研

128

究。与定量研究在不可能包含实验设计的所有要素(例如,随机)时使用准实验设计(Cook & Campbell,1979)相似,扎根理论研究者也许可以开展一项"准"扎根理论研究。例如,有时你无法使用"理论抽样",因为可访谈的研究对象人数太少。如果有时间方面的限制,研究就有可能必须在达到"理论饱和"之前结束。如果你发现自己处于这些境况之中,请考虑这些限制会如何影响你的研究结论,并尝试建立一些机制来应对它们。在这种情况下,很重要的一点是,要清楚地说明你无法使用扎根理论方法的哪些组成部分以及相应的原因。此外,当你讨论研究的局限性时,请务必考虑这些因素可能会如何影响研究结论。

一项关于艾滋病病毒检测的研究(Worthington & Myers,2003)为这类研究提供了一个很好的例子。作者使用的资料是在一项早期的一般定性研究(Myers et al.,1998)中收集的,因此他们无法再次回到田野中去检验新出现的假设或进行理论抽样。原始研究的抽样采用的是预先确定的分层抽样策略,包括艾滋病病毒阳性或阴性、风险类别、地区、民族文化群体和检测地点。为了弥补无法进行理论抽样的不足,作者创建了一个子样本(39 个案例),并在该组中使用了理论抽样。为了使"不断比较"成为可能,他们首先对一组访谈(例如,艾滋病病毒阴性)进行编码,直至它们在每组案例中都达到饱和。最终,他们将"焦虑"确定为其核心范畴,并确定了受访者在医患关系中用来增强控制感的策略。与许多扎根理论研究一样,他们的研究结论对这一主题有着更为复杂的理解,而不是基于以往的研究得出结论。作者总结道："同样显而易见的是，目前社会建构主义者对风险的看法仍然过于简单化，并没有考虑到公众对风险更为复杂的（统计上的）理解。"（Myers et al.，1998，p.652）

在引入"有限扎根理论"（limited grounded theory）研究这一概念时，我并不是说这个术语适用于所有使用扎根理论方法任意组成部分的研究。正如在第五章中所讨论的，我的观点是，"扎根理论"一词仅适用于那些旨在建构理论的研究。然而，要将我在这里描述的"有限扎根理论"研究与其他类型的定性研究区分开来并不总是十分容易的，因为定性研究者经常使用扎根理论方法的组成部分来实现其他目的。同样，对于什么构成"理论"也并不总是清楚的。例如，在一项旨在描述对赋权过程看法的研究中，埃弗里特、赫姆斯特德和德里斯科（Everett，Homstead，& Drisko，2007）使用了扎根理论的多个主要组成部分。他们提出了赋权过程的六个阶段，但没有将其描述为赋权理论。当然，并非所有旨在生成理论的研究都是扎根理论研究，因为对其他定性传统来说，虽然不是主要目标，但也有可能会包含理论生成的目标。

我的重点不是为扎根理论研究设定严格的标准化公式。相反，我想鼓励研究者使用扎根理论技术来生成理论，即使他们不能使用扎根理论方法的所有组成部分。否则，社会工作领域就有可能失去理论生成指导社会工作实践的机会（参见 Oktay，Jacobson，& Fisher, in press，其中提供了一个有限扎根理论研究的例子）。

129

扎根理论中的伦理问题

今天的扎根理论研究者必须满足定性研究的伦理行为标准（Shaw，2003，2008）。遗憾的是，扎根理论文献中几乎没有关于伦理问题的讨论。这在一定程度上是因为，如今人们对研究伦理行为的意识和关注程度要比最初提出扎根理论方法时要高得多。我们有责任考虑对受访者可能造成的潜在伤害，以确保其知情同意（informed consent），并且有责任在一项长期研究中重新协商同意（Shaw，2008；Waldrop，2004）。此外，我们必须保密并保护隐私（privacy）（Padgett，2008）。除了所有定性研究者都关注的伦理行为责任之外，社会工作研究者还必须坚持自己专业的价值观和伦理准则（见专栏6-1）。

130

专栏6-1 定性研究中潜在的伦理问题

- 是否违反了知情同意原则？

- 是否通过情绪困扰伤害了"受访者"？

- 是否涉及有害信息？

- 是否能保护隐私并保密？

- 是否需要保密证书（certificate of confidentiality）？

- 是否涉及脆弱群体（vulnerable population）？

- 是否具有强迫的可能性？

（来源：Padgett，2008）

违反伦理的可能性取决于研究的性质。研究者有责任对这些问题进行仔细评估，并采取必要的措施将其降到最低。

例如，在我的乳腺癌研究中就存在潜在的情绪困扰，因为女性会分享她们生命中的痛苦记忆。因此，我向受访者提供了一系列资源，她们可以使用这些资源跟进访谈过程中出现的任何压力问题。我也会在访谈结束后的几天给她们打电话，以确保她们不会留有担忧或无法释怀的感觉。即使进行了匿名处理，我的访谈也可能会暴露潜在的具有破坏性或令人尴尬的信息。为了防止这种情况的出现，我会定期向受访者提供一份关于她们的"案例研究"的副本，以及我计划使用的任何冗长的引文，以便她们可以在发表之前对这些内容进行审查并提出修改建议。

知情同意在扎根理论中可能比在其他定性设计中更加困难，因为可能很难使用日常语言来解释理论建构的目标。此外，在项目早期获得的知情同意可能在同一项目的后期不再适用，因为研究的重点与研究问题可能在研究过程中已经发生了变化。因此，在研究设计中重新协商知情同意也很重要。

扎根理论和机构审查委员会

一些机构审查委员会使用的是实证主义认识论和定量研究框架，即使在审查定性研究时也是如此。通常情况下，向机构审查委员会提交研究计划的格式并不适合扎根理论研究。在我所在的机构（医学院），机构审查委员会的研究计划必须包括以下信息：研究背景，文献综述，假设，样本的详细描述（有多少人、这

131

些人的特征、纳入和排除的标准),脆弱群体的识别,招募程序
(包括所有招募材料的副本),资料收集工具(问卷是被期望的方
式),资料分析策略的描述,以及精确呈现何时收集资料与何时
分析资料的详细研究进度。同时,还必须包括一份同意书,清楚
说明研究的目的、访谈将持续多长时间、风险-益处一览表,以及
关于受到伤害时该怎么办的说明。所有这些(可能除了研究背
景之外)都不符合扎根理论方法。在扎根理论研究的早期并没
有一个明确的研究焦点,因为它会束缚研究者,并阻碍将那些在
资料收集过程中出现的新维度纳入进来。在扎根理论中,文献
综述应该是"灵活的"而不是固定不变的,并且抽样策略应该遵
循只会出现在资料分析过程中的概念(理论抽样)。基于这种
抽样方式,扎根理论研究者不能总是预先识别脆弱群体。同
时,在扎根理论研究中,访谈提纲应该随着研究的进展而有所
改变。甚至研究需要花费多长时间,需要研究多少个案例,也
取决于理论是否达到饱和,所以这些往往都是无法事先预测
的。专栏 6-2 显示了机构审查委员会可能会针对扎根理论研
究提出的问题。

132

专栏 6-2　机构审查委员会关于扎根理论研究的问题

- 宽泛且开放的研究问题(缺乏研究聚焦点或假设)使得机构
审查委员会难以权衡研究的风险和收益。

续

- 缺乏大量的文献综述使得机构审查委员会难以对研究的质量进行评估。

- 非结构化访谈和观察(缺乏结构化问卷)使得机构审查委员会难以确定是否涉及敏感信息或潜在的破坏性信息。

- 理论抽样使得机构审查委员会难以确定受访者的特征及其纳入和排除标准。

- 理论饱和使得机构审查委员会难以确定研究进度以及需要纳入多少受访者。

获得机构审查委员会的认可意味着扎根理论研究者必须协调机构审查委员会与扎根理论研究模式之间的要求。我使用的一个策略是假设机构审查委员会的成员不熟悉扎根理论，然后从解释这个方法开始。有些时候，非常顽固的定量研究者一旦意识到这种类型的研究旨在生成新的理论，而不是检验现有理论，他们就会变得热情起来。因为他们意识到理论对高质量的定量研究至关重要，他们也认识到在现有理论并不适用的领域迫切需要新的理论。如果你的认识论模型与后来采用传统(实证主义的)研究方法进行理论检验是一致的，这也可能是一个令人信服的观点(参见，O'Connor，Netting，& Thomas，2008)。

另一种技巧是使用机构审查委员会成员能够理解的语言。由于我所在大学的社会工作学院是在一所医学院里，大多数机构审查委员会成员是医生或医学研究者，所以我会使用"预研究"（pilot study，亦译"试验性研究"）、"自然历史"（natural history）或"第一阶段试验"（phase one trial）等术语来描述我的研究。

为了满足机构审查委员会对描述研究对象群体所提出的要求，我在机构审查委员会的申请中详细说明了研究开始时的群体的特征。由于我在开始进行抽样时通常会使用目的抽样，所以我会使用自己的"最佳猜测"来了解我所需要的特征。后来，随着理论的生成，如果我需要更改最初的群体，我就会请求（提交）一份修正案来解释（这样做的）理由。在我的大学里，机构审查委员会可能需要花费很长时间来开展初步的审查，但他们可以很快地接受一份修正案——尤其是当这些修改没有引起任何"红旗"时。

还有一种技巧是使用受到机构审查委员会认可的机构制定的定性研究标准来帮助你的研究实现合法化。例如，由于我是在医学院，美国国家健康研究所关于定性研究应用审查的文件（National Institutes of Health，2001）可能是一项有用的资源。但愿随着这些模式被更多人接受，机构审查委员会在未来能够更加熟悉定性研究和扎根理论。

133　在扎根理论资料分析中运用定性软件

对今天的研究者来说，另一个重要的考虑因素是运用定性资料计算机辅助分析软件（computer-assisted qualitative data analysis software）进行资料分析，这是在扎根理论得到发展时还没有的。一位做定量研究的同事曾经问过我这样一个问题，"你是否使用了 NVivo 进行资料分析？"我忍不住笑了，因为她这个问题的措辞表明，计算机程序实际上会为我进行资料分析。这是不可能的！无论你是否决定使用定性资料计算机辅助分析软件，重要的是要记住这些程序不会替你"思考"。归根结底，你的研究质量将更多地取决于你自己的能力和努力，而不是取决于你是否使用了定性资料计算机辅助分析软件。即使你使用软件编码器的"信度"程序，也无法防止偏见或"强迫"。你检查和控制自己偏见的能力总是要重要得多。

在扎根理论分析中运用定性资料计算机辅助分析软件的利弊

虽然定性资料计算机辅助分析软件的软件包在扎根理论研究中可能并不如在其他类型的定性分析中那样有效，但它们对在本书中讨论过的一些资料分析技术可能还是有用的。在表 6 - 1 中，我列出了许多潜在的益处，包括编码、备忘录、资料存储和检索、搜索和查询、图表、跟踪审查以及其他。另一个潜在的益处（取决于你在情境中拥有的资源）是，你的资料可以被多个研究者获取，从而便于进行审查和分析。此外，将定性资料计算机辅助分析软件项目放在一台经常备份的安全电脑或服务器中可能比放在家里或办公室的盒子中更加安全。

表 6-1 在扎根理论研究中使用定性资料
计算机辅助分析软件的潜在益处

定性资料计算机辅助 分析软件的功能	在扎根理论分析中的运用
编码	制定原始代码、实质代码和理论代码 将代码整合为概念与范畴(重命名、移动代码) 界定概念和范畴 创建子代码 创建条件和后果
备忘录	创建备忘录 将备忘录与案例或代码关联起来
资料存储和检索	轻松定位资料并查看其编码方式 纳入文档、音频文件和视频文件
搜索和查询	探索资料中的模式 检验初步假设 比较不同编码者的代码
图表	创建理论的可视化模型(概念和范畴之间的关系) 在模型和被编码的资料之间轻松移动
跟踪审查	记录你的资料分析过程 展示你的概念是如何从资料中发展出来的 使用备忘录来展示想法的演变
其他	备份你的研究项目和研究 确保你的研究安全(保障措施) 方便多个研究者查看和/或参与分析

使用定性资料计算机辅助分析软件的弊端包括一些显而易见的成本(例如,随着新版本的发布,购买、培训和更新的成本,学习

该程序的时间成本）以及其他一些不那么具体的成本，这取决于你的个性特征和工作风格。为了充分利用定性资料计算机辅助分析软件程序，在概念发生变化时，你可能需要花费大量的时间来"整理"代码和资料。这可能是一项枯燥的任务，而且你可能会发现自己把大部分时间花在了死记硬背上，而不是进行深入且富有创造性的思考上。对我来说，使用定性资料计算机辅助分析软件带走了很多开展扎根理论研究的乐趣，因为我更愿意坐在沙滩上或树林里工作，而不是坐在电脑前。一些研究者可能会试图使用计算机来避免艰难的思考，但这种思考正是扎根理论的核心所在。其他人可能会对定性资料计算机辅助分析软件的功能非常着迷，以至于他们会直接让程序的功能来主导资料分析。最终，使用这些程序可能会导致研究者远离资料。总而言之，是否使用定性资料计算机辅助分析软件，以及如果使用，在多大程度上使用，将取决于研究项目本身的特点、研究者的工作方式和情境资源。

考虑使用哪种定性资料计算机辅助分析软件程序

过去，这些程序之间存在很大差异（例如，Atlas.ti 是唯一可以处理音频和视频媒体的程序），但今天这些程序都十分相似（参见 Bazeley，2007；Lewins & Silver，2007）。因此，一些因素可能是重要的，例如，你所在大学的支持（许多学校只支持其中一个定性程序），包括非正式支持，以及其他教师、研究者和学生正在使用哪种程序。如果你是一名学生，记得考察所有针对学生的特价，但要注意其中存在的限制，比如有限的使用时间或有限的资料保存空间。某些程序可能与你电脑的操作系统不兼容，或者可能需要超出可用内存的空间。最后，如果你正在开展一个大型项目或团队项目，需要考察定性资料计算机辅助分析软件的特殊性质，例如，它是否能够合并项目或与定量统计软件相结合（关于一般定性研究的定性资料计算机辅助分析软件的精彩讨论，参见 Drisko，2004）。

发表扎根理论研究

关于撰写和发表定性研究的优秀资源已经非常丰富（例如，Becker，2007；Drisko，2005；Padgett，2008），这些资源同样与撰写扎根理论的研究有关。这个简短的部分关注的是发表方面的问题，这对扎根理论研究者来说可能会有所不同。在扎根理论中，你在进行分析时撰写的理论备忘录构成了报告的基础。因此，撰写一个扎根理论研究项目很大程度上取决于你想如何"讲述故事"。自从扎根理论的最初版本（Glaser & Strauss，1967）问世以来，扎根理论研究的写作形式已经发生了巨大变化。想想"死亡研究"最终出版的三本著作。虽然著作和学位论文仍然是扎根理论研究的理想形式，但社会工作研究者通常会希望在期刊上发表他们的研究，这样他们的工作就更容易被实务工作者获得。如今，在定量研究占主导地位的学术环境中，研究者可能会发现，在期刊上发表的论文比著作更受重视，因为大多数定量研究者主要依靠期刊来发表自己的论文。

然而,期刊对发表扎根理论研究提出了许多问题。首先,期刊的页数限制使其很难描述扎根理论研究的过程和结果。一种策略是聚焦在你最重要的(那些你最支持的、最难理解的和/或对某个领域补充最多的)一个或多个范畴。另一种策略是将你的研究发现分成几篇独立的期刊论文。例如,一些作者会发表一篇关于某个核心范畴维度的论文,另一篇关于条件和后果之间关系的论文,以及第三篇关于如何运用理论来改善社会工作实践的论文。如果研究者想要接触到不同的受众(例如,实务工作者、研究者),这种策略就会特别有效。然而,这同时也引起了人们的担忧,即随着研究的不同层面被划分为发表的不同单元,整体图景就有可能会丢失。

另一个问题是,期刊可能会基于定量研究来指定研究论文的格式。如果该期刊并不致力于仅仅发表定性研究的论文,就很有可能会出现这种情况。许多社会工作期刊使用美国心理学会(American Psychological Association)的格式,其对论文组织方式的要求并不总是适合扎根理论研究。有时候适当的妥协是必要的,尤其当你遵循的是一种反对在开展研究之前进行任何文献综述的扎根理论版本。我在第二章中提出的撰写研究计划的格式也同样适用于撰写研究结论。然而,在发表的时候,如果原有的理论观点和文献综述部分不再符合你的研究发现,那么就需要对其进行修改。扎根理论研究者的任务是使论文以一种合理的方式变得"可读"或"流畅",尽管这可能并不总是能反映出论文各部分的完

137

成顺序。

在任何写作项目中,最重要的因素是读者。当你在定性研究期刊上写作时,你可以预期他们对扎根理论十分熟悉,而且你可以将注意力集中在你的方法和结论上。相比之下,社会工作领域的许多受众并不是很了解扎根理论方法,因此你可能需要在论文中加入一些知识和解释。作为社会工作研究者,我们最重要的受众是社会工作实务工作者。我们需要邀请实务工作者来帮助我们在现实情境中检验理论,必要时对其进行调整,并将其付诸实践! 在社会工作领域,扎根理论研究者的任务是用一种可以在实践中被理解和使用的方式来呈现他/她的理论。这正是扎根理论的真正目的。

在本书中那些我用来说明概念的研究范例中,作者在开展扎根理论研究的基础上发表几篇论文是很常见的。

范例 1:阿拉吉亚的扎根理论研究

本书中关于儿童性虐待中的母亲支持的扎根理论范例(Alaggia, 2002)实际上是该研究发表的第二篇论文。2001 年,阿拉吉亚发表了一项研究,聚焦(缺乏)母亲支持的一个条件因素:宗教和文化。阿拉吉亚接着又开展了另一项相关主题的研究——童年时期遭受过性虐待的成年人的披露过程(Alaggia, 2004)。在此基础上,她又结合两项研究的结果发表了一篇论文(Alaggia & Turton, 2005)。作者使用不断比较,阐明了另一种缺乏母亲支持的情况——这次是家庭暴力史。通过这种方式,阿拉吉亚得以继续发展和扩展其关于儿童性虐待中的母亲支持理论。

138

范例 2：安德森和丹尼斯的扎根理论研究

安德森和丹尼斯的研究范例也是一系列研究的一部分，这些研究超出了本书使用的单篇论文。在安德森的案例中，她针对不同群体提出了一个宽泛的抗逆力理论。在与丹尼斯一起开展2006 年的研究之前，她已经完成关于乱伦幸存者的扎根理论研究论文。此后，她又出版了《提升家庭暴力幸存者的抗逆力》（Anderson，2010），将其理论框架扩展到受虐妇女。她的著作主要针对实务工作者，强调如何在实践中运用她的理论模型。最近，她与丹尼斯和哈维格（Anderson，Danis，& Havig，2011）合作，扩展了上述研究范例，并增加了其他一些案例。安德森和丹尼斯继续使用扎根理论方法来扩展她们的理论模型，并以此推进她所在领域的社会工作实践。

范例 3：殷妙仲的扎根理论研究

殷妙仲基于他的学位论文发表了三篇期刊论文。第一篇论文（Yan，2005）聚焦文化和跨文化的概念，以及来自不同文化背景的社会工作者在与案主互动时如何诠释这一概念。然后，他发表了本书作为范例的论文（Yan，2008a）；同年，他又发表了另一篇论文（Yan，2008b），概述了他的主要研究发现。不同的论文聚焦其研究的不同层面，并针对不同的受众。

混合方法研究中的扎根理论

混合方法研究结合了定量和定性的方法论。虽然对混合方法研究的深入讨论超出了本书的范围，但由于它已经吸引了许多社 **139** 会工作研究者，因此我认为有必要考虑如何在这类研究中运用扎根理论。与本章讨论的其他主题一样，虽然格拉泽和施特劳斯（Glaser & Strauss，1967）以及格拉泽（Glaser，1978）在后来都将定量研究纳入他们的扎根理论研究中，以"填补"正在发展中的逻辑论证或对某个扎根理论进行检验，但混合方法研究在扎根理论提出时并未得到广泛运用。

大多数混合方法研究没有使用扎根理论作为定性研究模式，部分是由于理论生成通常不是混合方法研究中定性部分的目标。此外，扎根理论研究需要花费的时间难以预测，使其很难与定量研究同时进行，而且它还需要达到理论饱和，这些都使得扎根理论可能不切实际。然而，在混合方法研究中使用扎根理论也有一些优势。其中重要的一点是，基于"实证主义"或"后实证主义"认识论开展扎根理论是有可能的。由于这更可能是定量部分的认识论，因此扎根理论可以比那些基于建构主义或后现代认识论的定性方法更具兼容性。在接下来的部分中，我提供了一些在社会工作领域采用不同模式的混合方法研究范例，它们都将扎根理论作为其定性研究模式。

一种可以与扎根理论定性部分一起使用的混合方法设计是"顺序"模式（"sequential" model），尤其当首先开展的是定性研究，并且定性研究被视为主导时（关于混合方法研究设计的讨论，参见，Creswell & Plano Clark，2007；Greene，2007；Tashakkori &

Teddlie，2003）。在这种情况下，可以使用扎根理论研究来建立理论模型，然后基于该理论模型设计定量研究。一个混合方法研究的例子是，一项旨在开发一个定量工具来衡量用户对医疗服务的看法，并将感到不满意的患者的观点纳入其中的研究（Coyle &Williams，2000）。这项研究从开展扎根理论研究开始，研究对象是那些在之前的患者满意度调查（patient satisfaction survey）中表示对医院服务不满意的人。然后，将扎根理论的研究结论用于开发一种可以兼容这些用户经验的定量工具（关于这类混合方法研究的另一个例子，参见 Schmidt et al.，in press）。反向的顺序模式也是可能的，即在定量部分完成之后开展扎根理论研究。在这种情况下，扎根理论研究可以通过建立理论背景来帮助解释定量研究结论。

140

使用扎根理论并同时开展混合方法研究存在许多困难，而且很少有人能够完成。一个例子是李和伊顿（Lee & Eaton，2009）关于如何看待韩国老年人遭受经济虐待和寻求帮助的研究。他们在这项研究中连续开展了定性访谈和定量调查。扎根理论用于识别对于虐待老年人的看法以及对其寻求帮助的态度，然后用定量方法对其进行研究，以确定人口统计学特征及其相互作用。我将这项研究的定性部分描述为"有限扎根理论"，因为其中只有一次资料收集和分析的循环。

另一个使用扎根理论进行混合方法研究设计的有趣例子是对一个阿尔茨海默病护理中心的评估（Morgan & Stewart，2002）。

作者计划针对一个即将关闭并导致其患者被转移至另一个患者更少、空间更大的阿尔茨海默病特别护理中心开展一项"自然实验"。其中包含一个定性部分,以实现聚合(convergence)的目的(即查看某个归纳理论是否与他们在假设中所使用的理论相似,这一假设是他们根据物理空间变化的预期影响提出的)。图6-1和图6-2分别展示了定量概念模型以及作者在进行定性分析之后建立的模型。其中,扎根理论研究结束之后的模型表明,人与环境之间的互动关系比仅仅使用定量模型的预期更为复杂。"定性研究的结果表明,需要在空间过多和过少之间寻求平衡。患者需要足够的空间来自由活动,并保持对社会交往水平的控制;但过多的空间也会产生问题(例如,非正式社会交往的机会更少,步行的距离更长,制度性的活动参与)。"(Morgan & Stewart,2002,p.487)

141

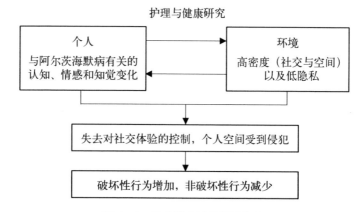

图6-1 准实验方法的概念框架

(来源:Morgan & Stewart,2002)

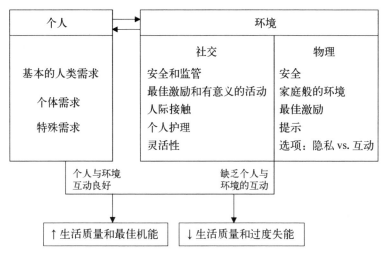

图 6 - 2　个人与环境交互模型

(来源：Morgan & Stewart，2002)

这些例子表明，虽然可以在混合方法的背景中使用扎根理论模式，但它通常是我所说的"有限扎根理论"。在混合方法研究中，一项完整的扎根理论研究往往是不切实际的。

将扎根理论与其他定性传统结合起来

只要每种方法的目标都非常明确，将扎根理论与其他定性传统结合起来也是有可能的。民族志研究通常包含对一些扎根理论技术的运用(Timmermans & Tavory，2007)。女性主义研究者指出了在扎根理论研究中结合女性主义框架(feminist frameworks)的优点和缺点（Olesen，2007），行动研究者也是如此（Dick，2007）。此外，一些定性模式（如现象学、叙事分析）拥有非常不同的资料分析技术,这可能与扎根理论方法论相冲突,而且也可能拥有非常不同的目标。这些方法就不太可能与扎根理论成功地结合在一起。

韦斯特许斯及其同事(Westhues et al., 2008)提供了一个参与式行动研究的例子,其中包含了理论生成部分。这项研究是加拿大一个重大项目"重视社区心理健康中的文化因素"(Taking Culture Seriously in Community Mental Health)的一部分,包括多种资料收集方法、四个不同的学科领域(包括社会工作),以及来自不同文化群体的众多社区参与者。作者使用以社区为基础的方式提出了一个理论框架,而且形成了直接基于这一理论框架的干预思路。然后,使用定性和定量研究方法对这些干预措施进行评估。另一个扎根理论与其他定性方法相结合的例子是弗格森和伊斯兰(Ferguson & Islam, 2008)的研究,他们在项目评估研究中使用了焦点小组。虽然扎根理论的逻辑被用于提出和检验假设,但其目标主要是由参与者(无家可归的青年)进行项目评估,而不是理论生成。

整合定性研究:形式扎根理论

形式扎根理论,作为一种用于整合定性研究的扎根理论模式,从一开始就是扎根理论的一分子(Glaser & Strauss, 1967)。遗憾的是,它在很大程度上被忽略了,而且从未被纳入扎根理论传统(Glaser, 2007)。然而,如今定性研究已被公认为一种知识建构的合法方式，而且越来越多地被用于提炼实践领域中的现有知识。人们非常关注一种类似于元分析（meta-analysis，整合定量研究结论的方法论）的定性研究方法（Saini & Shlonsky，2011）。社会工作和其他专业对"证据为本"（evidence-based）的实践和"循证"（evidence-informed）实践的兴趣，增加了人们对可以纳入针对具体干预措施进行评估的高质量定性研究的需求。形式扎根理论使用了与扎根理论相同的技术，只不过它是运用研究而不是原始资料来整合概念和范畴。虽然还没有被运用到社会工作研究中，但本章仍然对形式扎根理论作出探讨，这主要是由于我认为它为未来致力于整合扎根理论研究的研究者提供了希望（关于整合定性研究的更多信息，参见 Paterson，Thorne，Canam，& Jillings，2001；Saini & Shlonsky，2011）。

格拉泽和施特劳斯在《扎根理论的发现》（Glaser & Strauss，1967）中将形式扎根理论描述为一种将实质性理论，或者特定领域、情境或实践领域中的理论提升到更高抽象层次的方法。在他们的研究中，他们将"死亡"视为一个更广泛的社会过程的例证，并称之为"非计划状态阶段"（unscheduled status passage）。从关注"死亡"转向关注"状态阶段"（status passage），就是从实质性理论转向形式理论。形式理论不仅更加抽象，而且适用于更为广泛的背景脉络，因为它描述了一个"基本的社会过程"。格拉泽和施特劳斯（Glaser & Strauss，1967）运用"死亡研究"中的"认知语境"（awareness contexts）概念阐明了扎根理论分析技术（概念的确

144

定、概念的维度和属性的形成、理论抽样，尤其是不断比较）如何被用来在单一实务领域或跨领域中生成形式扎根理论。

曾跟随格拉泽和施特劳斯一起学习的护士玛格丽特·卡尼（Margaret Kearney）的著作为形式扎根理论提供了一个例证。卡尼运用形式扎根理论方法整合了两个实务领域（受虐女性以及从药物滥用中恢复的女性）的定性研究（Kearney，2007）。她在关于受虐女性定性研究的整合分析（Kearney，2001）中指出，形式扎根理论的目标是"整合大量的扎根理论研究，以发展更高层次的扎根理论"（Kearney，2001，p.271）。为了生成形式扎根理论，她首先根据明确的纳入和排除标准，选取了该实务领域中的一些扎根理论研究。然后，她将不断比较的方法运用到这些研究中。扎根理论方法最终被用来生成一个核心理论。在其关于家庭暴力领域的整合分析中，卡尼最终确定了 13 项研究，其中大多数使用了扎根理论方法，共有 282 名女性参与了这些研究。运用扎根理论方法，她确定了一个核心范畴为"忍耐的爱"（enduring love），并将其描述为"一场持续的斗争，即通过在双方的关系中遵循奉献（commitment）与自我牺牲（self-sacrifice）的价值观，同时使用某些策略来获得生存，并控制不可预期的心理和身体伤害，从而将伴侣暴力重新定义为暂时的、可生存的或合理的"（Kearney，2001，p.275）。卡尼还提出了这些女性将爱的焦点从施暴伴侣身上转移到孩子和她们自己身上经历的四个阶段："这就是我想要的"，"我做得越多，就越糟糕"，"我受够了"，以及"我找到了自我"。请注意，卡尼使用了受访者的话语来命名这些阶段。

形式扎根理论依赖于在类似的问题域、研究田野或研究对象群体中已有的一系列研究。这可能很难找到，因为大多数定性研究不是生成理论的研究。没有提出概念和范畴的研究，就无法用扎根理论技术来进行合并或整合。如果它们关注的是某一经历的不同时期或阶段，或者是在非常不同的环境或情境中完成的，那么即使它们是扎实的扎根理论研究，也不可能创建整合分析。索恩和佩特森（Thorne & Paterson，1998）试图整合几十年内关于慢性病的定性研究的工作就说明了这一点。无法开展整合分析是因为早期的研究主要集中在疾病造成的压力和负担方面，而后期的研究则主要集中在从中获益方面。只有在具体的实务领域建立起扎实的扎根理论研究体系，形式扎根理论才有可能成为现实。因为对定性研究结论的整合分析是基于这样一种假设，即整合多项研究的共同发现比任何单一研究的结论更加接近现实或真理；与持有建构主义或后现代主义世界观的扎根理论研究者相比，那些接受实证主义、后实证主义或实用主义假设的扎根理论研究者更有可能看重这一假设。尽管存在上述问题，我仍然相信扎根理论的整合分析在社会工作领域将拥有非常广阔的前景。

社会工作扎根理论研究的前景

本章结合社会工作研究的一些最新进展，讨论了当下的扎根理论研究。其中的许多研究反映了自近 50 年前扎根理论提出以来研究环境所发生的变化。本章也讨论了当下开展扎根理论研究的一些困难,以及在某些时候如果有限扎根理论模式得到清楚描述,而且研究者在他/她的研究设计中考虑了其局限性,它可以如何被使用。本章还讨论了定性研究中的伦理问题、机构审查委员会的要求、计算机软件的使用、扎根理论研究的发表、混合方法设计以及形式扎根理论。虽然并没有深入讨论这些议题,但我觉得有必要让那些对扎根理论感兴趣的人了解其潜能。

扎根理论已经存在近 50 年,其中的部分原因在于它的灵活性,以及它的目标(理论生成)仍然非常重要。在本书中,我一直在论证与实践有关的理论生成对社会工作的重要性并不亚于以往任何时候。虽然扎根理论已经被社会工作研究者使用了很多年,是较为流行的定性研究方法之一,但我总觉得它在社会工作领域仍然没有充分发挥其潜力。在本书中,我希望自己已经帮助读者了解了扎根理论方法,它是如何发展起来的,如何开展扎根理论研究,如何评估扎根理论研究,以及如何在当今的研究环境中运用扎根理论方法。我也希望自己已经表达了对这一方法的热情,以及我对这一方法对社会工作专业有很大帮助的信念。扎根理论的目标是提出可以运用于实践的理论,理想的形式是实务工作者与研究者共同提出、调整和运用理论。社会工作研究者可能需要回顾我们的起源,以"重新发现"扎根理论方法论与"人在情境中"的世界观如此契合。这种方法论具有提出与实践相关的社会工作理论的潜力。只有通过这种方式,我们才能开展植根于理论的实践。

正是基于这种愿景，才使得我对扎根理论能够在社会工作领域作出的贡献感到如此兴奋。

本章小结

首先，本章讨论了扎根理论如何受到各种社会工作研究最新进展的影响，包括为什么在今天开展扎根理论研究有时是困难的，以及当你想要生成理论却发现运用扎根理论方法不切实际时应该怎么做等相关讨论（正如在前面几章中已经讨论过的那样）。其次，本章讨论了扎根理论研究中的伦理问题和机构审查委员会提出的问题，还基于扎根理论研究范例说明了扎根理论研究发表的一些考虑。再次，本章讨论了计算机软件程序在扎根理论分析中的运用，以及扎根理论在混合方法研究中的运用。最后，本章还简要介绍了形式扎根理论，即整合定性研究的扎根理论模式。本章认为扎根理论对今天的社会工作有很大的助益，并鼓励读者在社会工作扎根理论的丰富领域作出进一步探索（并希望能有所贡献）。本章同样也提供了一些练习，旨在帮助读者将本章的内容运用到自己的研究中。

147

推荐练习

1. 查看你所在学院学位论文计划的格式（如果你是一名博士研究生），或者你希望获得资助的机构基金项目申请书的格式（如果你是一名教师或研究者）。计划书有什么要求？对于每个领域，如果你正在进行扎根理论研究，考虑一下这是否可行或可取？你可能希望采取什么策略来处理存在的分歧？〔你可能想看看你所在机构做过扎根理论研究的其他人（学生或研究者）的计划书，或者其他已经获得资助机构资助的扎根理论研究的研究者的计划书。〕

2.查看你的扎根理论研究方法论，或者在你感兴趣的领域已经发表的、使用"扎根理论"术语描述其方法论的研究。讨论这些研究是不是真正的扎根理论研究，还是可能仅仅只是"有限扎根理论"研究，甚至只是更一般的定性分析形式。如果你认为这是一项"有限扎根理论"研究，思考一下该研究可能存在的不足。你能做些什么来完善这项研究并规避这些不足吗？

3.查看机构审查委员会的规章制度要求的格式（如果你所在的机构有机构审查委员会）。思考这是否适合扎根理论计划书？你可能希望采取什么策略来处理存在的分歧（了解你所在的机构审查委员会对定性研究的接纳程度，以及它是否在过去批准过扎根理论研究计划书）？

4.下载定性资料计算机辅助分析软件程序的试用版（免费）。重复练习1，但这一次使用这些程序来创建代码、概念和备忘录。思考你在每种方法中发现的优缺点。

5.审查我在本书中使用的三项社会工作扎根理论研究范例。思考作者148 是如何"讲述"他们的研究故事的。他们是否必须调整没有反映扎根理论方法的格式？写作是"流畅"的吗？它是否易于被理解并运用于实践？如果不是，可以如何进行写作以使其对实务工作者更有吸引力？

6.在你感兴趣的领域中找一些运用混合方法开展的研究。指出其中使用的混合方法模式的类型。这些研究中有运用扎根理论作为定性方法的吗？如果有的话，这是一个好的主意吗？或者这是不切实际的或与研究目的不相符的吗？

溯因（abduction）：扎根理论研究中使用的一种推理方式，它在理论发展的循环过程中结合了归纳推理和演绎推理。当理论被从资料中归纳出来时，就可以通过寻找和检验更多的资料来演绎性地加以证实。

适用性（applicability）：在扎根理论中，可以通过判断某一理论是否适用于实践来对其进行评估。为了满足适用性的标准，理论必须与实践情境相符，能为实践情境中的人所理解，能适用于各种不同的情境，并能提升实务工作者对实践情境的控制感。

跟踪审查（audit trail）：使用研究者日志、备忘录等文档的汇编，对研究者从研究概念化到最终资料分析的决策过程予以说明和支撑。

主轴编码（axial coding）：在扎根理论中，用来将分析从描述转向理论建构的一套编码技术，包括识别条件、行动/互动和后果，将一个范畴与其子范畴关联起来，以及从资料中寻找主要范畴之间是如何相互关联的线索。在扎根理论中，这一过程允许研究者将在开放编码中被打散的资料再次聚集起来。

定性资料计算机辅助分析软件(computer-assisted qualitative data analysis software)：英文简称"CAQDAS"。两个广泛使用的程序是 NVivo 和 Atlas.ti。在使用计算机分析时应该始终保持谨慎，因为软件分析不能完全代替人的分析。

150　　**范畴**(categories)：在分析中聚集在一起并被确定为重要的概念就会被整合成范畴。在扎根理论分析中，范畴在各个层次的编码中都非常重要。它们在开放编码中被识别出来，并在主轴编码中得到进一步探索，从而与其他范畴相互关联起来。选择编码包括识别对理论至关重要的核心范畴。

编码(coding)：通过识别共同要素或典范来分析资料的过程。在扎根理论中，编码是在资料之间以及分解的概念和范畴之间进行不断比较的结果。这种比较过程允许将大量的资料分解为更小的、更易于管理的想法或概念群。编码贯穿于扎根理论分析的始终，应该被视为流动的、动态的和持续发展的。编码最初与资料紧密相关，但随着分析的进行，它变得越来越抽象。

概念(concepts)：组合在一起体现某个想法的一组代码。概念是理论的基石。

概念框架(conceptual framework)：如马克斯威尔(Maxwell，2005)所述，概念框架包括问题陈述、与主题有关的经验、相关理论、对已有研究的综述以及思想实验(thought experiments)。概念图是阐述工作概念框架的有用工具。这一概念类似于扎根理论中的理论敏感性。

不断比较（constant comparison）：一种用来发展扎根理论的技术，包括将一组资料与其他资料（案例与案例、事件与事件）进行比较，将资料与概念和范畴进行比较，以及对概念和范畴进行比较。不断比较被用来识别相似性和差异性。它有助于概念性范畴的提出和发展。通过不断比较，加上更多的资料收集，理论会变得越来越抽象。

建构主义（constructivism）：一种认识论的方式，认为所有的现实都是被建构的。在这一观点中，参与者建构他们的观点和现实。研究者也认识到，在研究过程中提出的扎根理论同样是一种建构。

核心范畴（core category）：在选择编码中，核心范畴是根据其在资料中出现的频率、抽象的本质及其相对于其他相关范畴的解释力来确定的（参见"选择编码"）。

可信度（credibility）：评估扎根理论研究质量的一个标准。只要扎根理论方法得到恰当和谨慎的运用，理论就会是可信的。

演绎法（deduction）：一种以已有理论为起点，用资料来验证或检验理论的推理方式。

维度（dimension）：概念或范畴的属性的变化范围。

形式扎根理论（formal grounded theory）：理论生成的一种更加抽象的层次，允许将实质性理论运用于更广泛的现象或情境。形式扎根理论是运用扎根理论的技术来对一系列具有可比性的扎

151

根理论研究进行整合分析。

扎根理论(grounded theory)：一种基于符号互动论的研究方式,主要是通过资料收集和资料分析的多阶段过程来生成中层理论。使用的技术包括不断比较、理论抽样、理论敏感性(的应用)以及理论饱和。

归纳法(induction)：一种以资料为起点,从资料中发展出描述性概念或分析性概念的推理方式。

有限扎根理论(limited grounded theory)：一项旨在生成理论和使用扎根理论技术的研究,但在该研究中,诸如有限样本或二手定性资料的使用等问题会妨碍对扎根理论方法论的充分运用。开展有限扎根理论的研究者需要考虑研究资料的局限性对研究结论的潜在影响,并寻求弥补的方法。

成员检验(member checking)：一种在定性研究中用来提高效度的技术,即研究者就资料和结论的准确性与参与者进行协商。

备忘录/撰写备忘录(memos/memoing)：研究者关于生成理论的想法、观点和问题的记录。在扎根理论中,在研究的一开始就撰写备忘录是非常重要的。随着范畴在分析过程中逐渐得以确定和阐述,备忘录会变得越来越抽象。它们最终构成最后的报告和论文的基础。备忘录是用于建立效度的跟踪审查(上文提到的)的重要组成部分。

反面案例分析(negative case analysis)：有意寻找可能与生成中的理论相悖的案例或事件。反面案例分析在扎根理论分析中被用来挑战假设。如果找到反面案例，就可以通过增加不适用于假设的条件或背景来促进理论的进一步生成。反之，未能找到反面案例就有可能证实研究者的假设的合理性。

开放编码（open coding）：扎根理论分析的第一个阶段，包括通过逐行检查资料，从而将其分解或分割成片段，以及使用一个或多个表达含义的词语标记这些片段。开放编码识别出概念及其维度和属性，并将概念与其他概念整合为更大的范畴。

同行汇报（peer debriefing）：一种在定性研究中用来提高效度的技术，指与那些能够向研究者提供批判性反馈的人一起审查研究要素的过程。

实证主义（positivism）：一种表明接受"可知现实"（朴素实在论）的认识论，在这种认识论中，研究者被视为客观的观察者。该类型的研究旨在发现可用于解释和预测的普遍规律。

152

实用主义（pragmatism）：一种美国哲学，主张如果某事物有用且实际可行，它就是真实的。

长期参与（prolonged engagement）：一种在定性研究中被用来提高效度的技术，即与资料保持足够长时间的接触，从而减少受访者偏见以及对研究者在场的感应性。

属性（property）：概念或范畴的特征。

反身性（reflexivity）：一种在定性研究中用来提高效度的技术，研究者对自己的经验、观点和假设进行探索，并考虑这些因素可能会如何影响研究结论。反身性日志可以用来增加扎根理论研究的反身性。

关系性(relationality)：参与式行动研究中使用的一种技术，即公众有意识地参与到研究过程中。一个活跃的社区咨询委员会的加入可以提高扎根理论研究的关系性。

选择编码(selective coding)：扎根理论分析的后期阶段，在这一阶段，某个核心范畴被确定为理论的核心。选择编码既包括核心范畴的发展达到饱和的程度，还包括说明核心范畴与构成理论的其他范畴之间的关系。

实质代码(substantive codes)：这种(原始)代码是直接来源于资料的，而不是先前已经确定的理论(参见"理论编码")。原始代码是实质代码的一种类型，即使用受访者自身的语言或想法作为代码的名称或标签。

符号互动论(symbolic interactionism)：一种以乔治·赫伯特·米德(George Herbert Mead)的研究为基础的理论视角，主要关注个体与环境之间的互动以及这种互动产生的共享符号和意义。个人被视为塑造环境的积极参与者。

理论代码(theoretical codes)：基于抽象概念的代码。研究者需要谨慎使用理论代码，除非他们相当确定这些代码是深深地扎根于资料，而不是研究者强加的。理论代码有助于研究者将理论与现有理论联系起来。

理论抽样(theoretical sampling)：指基于生成理论的需求对研究参与者、事件和背景进行选择，并且这种理论是通过探索理论范畴的维度和属性而获得的。

理论饱和(theoretical saturation)：当对新资料的比较无法获 153
得新的理论信息(也就是说,没有出现新的属性、维度、条件、行动/
互动和后果)时,即达到理论饱和。

理论敏感性(theoretical sensitivity)：研究者具有的某种特
性,使得理论能从资料中得以识别和生成。理论敏感性基于研究
者先前的经验和知识。

三角检验(triangulation)：一种在定性研究中用来提升效度
的技术,指纳入多种类型的资料、理论、方法或观察者。

效度(trustworthiness)：定性研究中使用的术语,类似于定量
研究中的"效度"(validity)这一术语。长期参与、成员检验、同行
汇报、三角检验和跟踪审查等技术都可以用来提高定性研究的效
度和可信度。

Addams, J. (Ed.). (1895, reprinted in 2006). *Hull-House maps and papers: A presentation of nationalities and wages in a congested district of Chicago, together with comments and essays on problems growing out of the social conditions*. Urbana and Chicago: University of Illinois Press.

Alaggia, R. (2001). Cultural and religious influences in maternal response to intrafamilial child sexual abuse: Charting new territory for research and treatment. *Journal of Child Sexual Abuse*, *10*(2), 41 - 60.

Alaggia, R. (2002). Balancing acts: Reconceptualizing support in maternal response to intra-familial child sexual abuse. *Clinical Social Work Journal*, *30*(1), 41 - 56.

Alaggia, R. (2004). Many ways of telling: Expanding conceptualization of child sexual abuse disclosure. *Child Abuse and Neglect*, *28*(11), 1213 - 1227.

Alaggia, R., & Turton, J. (2005). Against the odds: The impact of woman abuse on maternal response to disclosure of child sexual abuse. *Journal of Child Sexual Abuse*, *14*(4), 95 - 113.

Anderson, K. M. (2010). *Enhancing resilience in survivors of family violence*. New York, NY: Springer Publishing Company.

Anderson, K. M., & Danis, F. S. (2006). Adult daughters of battered women: Resistance and resilience in the face of danger. *Affilia*, *21*(4), 419 - 432.

Anderson, K. M., Danis, F. S., & Havig, K. (2011). Adult daughters of battered women: Recovery and posttraumatic growth following childhood adversity. *Families in Society*, *92*(2), 154–160.

Annells, M. (1996). Grounded theory method: Philosophical perspectives, paradigm of inquiry and postmodernism. *Qualitative Health Research*, 6 (3), 379–393.

Bazeley, P. (2007). *Qualitative data analysis with NVIVO*. Los Angeles, CA: Sage Publications, Inc.

Becker, H. (1998). *Tricks of the trade: How to think about your research while doing it*. Chicago, IL: University of Chicago Press.

Becker, H. (2007). *Writing for social scientists: How to start and finish your thesis, book or article*. Chicago, IL: University of Chicago Press.

Birks, M., & Mills, J. (2011). *Grounded theory: A practical guide*. Thousand Oaks, CA: Sage Publications, Inc.

Blumer, H. (1969). *Symbolic interactionism: Perspective and method*. Englewood Cliffs, NJ: Prentice Hall.

Bulmer, M. (1984). *The Chicago School of Sociology: Institutionalization, diversity and the rise of sociological research*. Chicago, IL: University of Chicago Press.

Burstein, J., & Anderson, K. (2011). *Spark: How creativity works*. New York: HarperCollins.

Charmaz, K. (1993). *Good days, bad days: The self in chronic illness and time*. Chapel Hill, NC: Rutgers University Press.

Charmaz, K. (2006). *Constructing grounded theory: A practical guide through qualitative analysis*. Thousand Oaks, CA: Sage Publications, Inc.

Charmaz, K. (2011). Grounded theory methods in social justice research. In N. Denzin & Y. Lincoln (Eds.), *The Sage handbook of qualitative research* (pp.359–380). Thousand Oaks, CA: Sage Publications, Inc.

Clarke, A. E. (2005). *Situational analysis*. Thousand Oaks, CA: Sage Publications, Inc.

Clarke, A., & Friese, C. (2007). Grounded theorizing using situational analysis. In A. Bryant & K. Charmaz (Eds.), *The Sage handbook of grounded theory* (pp. 363–397). Thousand Oaks, CA: Sage

156

Publications, Inc.

Cook, D. T., & Campbell, T. D. (1979). *Quasi-experimentation designs and analysis issues for field settings*. New York, NY: Houghton Mifflin Press.

Cook, G. A. (1993). *George Herbert Mead: The making of a social pragmatist*. Urbana, IL: University of Illinois Press.

Corbin, J., & Strauss, A. (1988). *Unending work and care: Managing chronic illness in the home*. San Francisco, CA: Jossey-Bass.

Corbin, J., & Strauss, A. (1990). Grounded theory research: Procedures, canons, and evaluative criteria. *Qualitative Sociology*, *19*(6), 418 - 427.

Corbin, J., & Strauss, A. (2008). *Basics of qualitative research* (3rd ed.). Thousand Oaks, CA: Sage Publications, Inc.

Coyle, J., & Williams, B. (2000). An exploration of the epistemological intricacies of using qualitative data to develop a quantitative measure of user views of health care. *Journal of Advanced Nursing*, *31*(5), 1235 - 1243.

Crabtree, B., & Miller, W. (1992). A template approach to test analysis: Developing and using codebooks. In B. Crabtree & W. Miller (Eds.), *Doing qualitative research* (pp. 93 - 109). Newbury Park, CA: Sage Publications, Inc.

157 Creswell, J. (2007). *Qualitative inquiry and research design: Choosing among five approaches* (2nd ed.). Thousand Oaks, CA: Sage Publications, Inc.

Creswell, J., & Plano Clark, V. L. (2007). *Designing and conducting mixed methods research*. Thousand Oaks, CA: Sage Publications, Inc.

Deegan, J. (2005). *Jane Addams and the men of the Chicago School (1892 -1918)*. New Brunswick, NJ: Transaction Press.

Dey, I. (1993). *Qualitative data analysis: A user-friendly guide*. London: Routledge.

Dick, B. (2007). What can grounded theorists and action researchers learn from each other? In A. Bryant & K. Charmaz (Eds.), *The Sage handbook of grounded theory* (pp. 398 - 416). Thousand Oaks, CA: Sage Publications, Inc.

Drisko, J. W. (1997). Strengthening qualitative studies and reports: Standards to enhance academic integrity. *Journal of Social Work Education*, *33*, 187–197.

Drisko, J. W. (2004). Qualitative data analysis software: A user's appraisal. In D. Padgett (Ed.), *The qualitative research experience* (rev. ed., pp.193–209). Belmont, CA: Wadsworth.

Drisko, J. W. (2005). Writing up qualitative research. *Families in Society: The Journal of Contemporary Social Services*, *86*(4), 589–593.

Epstein, I. (2010). *Clinical data-mining: Integrating practice and research*. New York, NY: Oxford University Press.

Everett, J. E., Homstead, K., & Drisko, J. (2007). Frontline worker perceptions of the empowerment process in community-based agencies. *Social Work*, *52*(2), 161–170.

Ferguson, K. M., & Islam, N. (2008). Conceptualizing outcomes with streetliving young adults: Grounded theory approach to evaluating the Social Enterprise Intervention. *Qualitative Social Work*, *7*, 217–237.

Forte, J. A. (2004). Symbolic interactionism and social work: A forgotten legacy. *Families in Society*, *85*(3), 391–400.

Geertz, C. (1973). Thick description: Towards an interpretive theory of culture. In G. Geertz (Ed.), *The interpretation of cultures* (pp.3–32). New York, NY: Basic Books.

Gilgun, J. (1994). Hand into glove: The grounded theory approach and social work practice research. In E. Sherman & W. Reid (Eds.), *Qualitative research in social work* (pp.115–125). New York, NY: Columbia University Press.

Gilgun, J. (1999). Methodological pluralism and qualitative family research. In S. K. Steinmetz, M. B. Sussman, & G. W. Peterson (Eds.), *Handbook of marriage and the family* (2nd ed., pp.219–261). New York, NY: Plenum.

Gilgun, J. (2007). *The legacy of the Chicago School of Sociology for family theory building*. Paper presented at the annual conference of the National Council on Family Relations, Nov. 7, 2007. Pittsburgh, PA.

Glaser, B. (1978). *Theoretical sensitivity*. Mill Valley, CA: Sociology Press.

Glaser, B. (1992). *Basics of grounded theory analysis: Emergence vs. forcing*. Mill Valley, CA: Sociology Press.

Glaser, B. (1998). *Doing grounded theory: Issues and discussions*. Mill Valley, CA: Sociology Press.

Glaser, B. (2007). Doing formal theory. In A. Bryant & K. Charmaz (Eds.), *The Sage handbook of grounded theory* (pp.97 - 113). Los Angeles, CA: Sage.

Glaser, B., & Strauss A. (1965). *Awareness of dying*. Chicago, IL: Aldine Publishing Company.

Glaser, B., & Strauss, A. (1967). *The discovery of grounded theory*. Chicago, IL: Aldine Publishing Company.

Glaser, B., & Strauss, A. (1968). *Time for dying*. Chicago, IL: Aldine Publishing Company.

Goffman, E. (1963). *Stigma: Notes on the management of spoiled identity*. New York, NY : Prentice-Hall Publishing.

Greene, J. C. (2007). *Mixed methods in social inquiry*. San Francisco, CA: John Wiley & Sons.

Greene, R. & Ephross, P. (1991). *Human behaviour theory and social work practice*. Mouton De Gruyter.

Hall, W., & Callery, P. (2001). Enhancing the rigor of grounded theory: Incorporating reflexivity and relationality. *Qualitative Health Research*, 11 (2), 257 - 272.

Hartman, A. (1990). Many ways of knowing. *Social Work*, 35(1), 3.

Hood, J. C. (2007). Orthodoxy vs. power: The defining traits of grounded theory. In A. Bryant & K. Charmaz (Eds.), *The Sage handbook of grounded theory* (pp.151 - 164). Thousand Oaks, CA: Sage Publications, Inc.

Kearney, M. (2001). Enduring love: A grounded formal theory of women's experience of domestic violence. *Research in Nursing and Health*, 24(4), 270 - 282.

Kearney, M. (2007). From the sublime to the meticulous: The continuing evolution of grounded formal theory. In A. Bryant & K. Charmaz (Eds.),

158

The Sage handbook of grounded theory (pp.114 - 126). Thousand Oaks, CA: Sage Publications, Inc.

Kelle, U. (2007). The development of categories: Different approaches to grounded theory. In A. Bryant & K. Charmaz (Eds.), *The Sage handbook of grounded theory* (pp. 191 - 214). Thousand Oaks, CA: Sage Publications, Inc.

Knight, L. (2010). *Jane Addams: Spirit in action.* New York, NY: W. W. Norton Company, Inc.

Lee, H., & Eaton, C. (2009). Financial abuse in elderly Korean immigrants: Mixed analysis of the role of culture on perception and help-seeking intention. *Journal of Gerontological Social Work*, *52*(5), 463 - 488.

Lewins, A., & Silver, C. (2007). *Using software in qualitative research: A step-by-step guide.* Thousand Oaks, CA: Sage Publications, Inc.

Lincoln, Y., & Guba, E. (1985). *Naturalistic inquiry.* Beverly Hills, CA: Sage Publications, Inc.

Lincoln, Y., & Guba, E. (1989). *Forth generation evaluation.* Beverly Hills, CA: Sage Pubication, Inc.

Locke, K. (2007). Rational control and irrational free-play: Dual-thinking modes as necessary tension in grounded theorizing. In A. Bryant & K. Charmaz (Eds.), *The Sage handbook of grounded theory* (pp.565 - 580). Thousand Oaks, CA: Sage Publications, Inc.

Lofland, J., Snow, D., Anderson, L., & Lofland, L. (2006). *Analyzing social settings: A guide to qualitative observation and analysis.* Belmont, CA: Wadsworth & Thomson.

Matarese, M. (2010). *An exploration of sexual minority youth experiences in out-of-home care.* Unpublished manuscript.

Maxwell, J. (2005). *Qualitative research design: An interactive approach.* Thousand Oaks, CA: Sage Publications, Inc.

McDermid, D. (2006). *Pragmatism.* Retrieved January 29, 2009, from http://www.iep.utm.edu/p/pragmati.htm.

Mead, G. E. (1934). *Mind, self, and society: From the standpoint of a social behaviorist*, edited and with an introduction by Charles W. Morris.

159

London: The University of Chicago Press.

Melia, K. M. (1996). Rediscovering Glaser. *Qualitative Health Research*, 6 (3), 368 - 378.

Merton, R. C. (1968). *Social theory and social structure* (2nd ed.). Glencoe, IL: The Free Press.

Miles, M., & Huberman, A. (1994). *Qualitative data analysis: An expanded sourcebook* (2nd ed.). Thousand Oaks, CA: Sage Publications, Inc.

Morgan, D. G., & Stewart, N. J. (2002). Theory building through mixed-method evaluation of a dementia special care unit. *Research in Nursing and Health*, 25, 479 - 488.

Morris, C. (Ed.). (1967). *Mind, self and society: From the standpoint of a social behaviorist* (Works of George Herbert Mead, Vol. 1). Chicago, IL: University of Chicago Press.

Morrow, S. (2005). Quality and trustworthiness in qualitative research in counseling psychology. *Journal of Counseling Psychology*, 52, 250 - 260.

Morrow, S., & Smith, M. (1995). Constructions of survival and coping by women who have survived childhood sexual abuse. *Journal of Counseling Psychology*, 42, 24 - 33.

Morse, J., Stern, P., Corbin, J., Bowers, B., Charmaz, K., & Clark, A. (2009). *Developing grounded theory: The second generation.* Walnut Creek, CA: Left Coast Press.

Mruck, K., & Mey, G. (2007). Grounded theory and refl exivity. In A. Bryant & K. Charmaz (Eds.), *The Sage handbook of grounded theory* (pp.515 - 528). Thousand Oaks, CA: Sage Publications, Inc.

Myers, T., Haubrich, D., Mahoney, D., Calzavara, L., Cockerill, R., Millson, P., et al. (1998). *The HIV test experience study.* Toronto: HIV Social Behavioural and Epidemiological Studies Unit, Faculty of Medicine, University of Toronto.

160 National Institutes of Health. (2001). *Qualitative methods in health research: Opportunities and considerations in application and review.* NIH Publication No. 02 -!5046, December 2001.

O'Connor, M., Netting, F., & Thomas, M. (2008). Grounded theory: Managing the challenge for those facing institutional review board oversight. *Qualitative Inquiry*, *14*(1), 28–45.

Oktay, J. S. (2004). Grounded theory. Part I: Experiences of women whose mothers had breast cancer. Part II: The personal and professional experiences of doing a grounded theory project. In D. K. Padgett (Ed.), *The qualitative research experience* (pp. 23–47). New York, NY: Wadsworth.

Oktay, J. S. (2005). *Breast cancer: Daughters tell their stories*. New York, NY: Haworth.

Oktay, J. S. (2006). *Standards for quality in grounded theory research*. Annual meeting of the Society for Social Work and Research. San Antonio, TX.

Oktay, J. S., Jacobson, J., & Fisher, L. (in press). Learning by experience: Teaching experiences of social work doctoral students. *Journal of Social Work Education*.

Oktay, J. S., & Walter, C. A. (1991). *Breast cancer in the life course: Women's experiences*. New York, NY, Springer.

Olesen, V. L. (2007). Feminist qualitative research and grounded theory: Complexities, criticisms, and opportunities. In A. Bryant & K. Charmaz (Eds.), *The Sage handbook of grounded theory* (pp.417–435). Thousand Oaks, CA: Sage Publications, Inc.

Padgett, D. (1998a). Does the glove really fit? Qualitative research and clinical social work practice. *Social Work*, *43*(4), 373–381.

Padgett, D. (1998b). *Qualitative methods in social work research: Challenges and rewards*. Thousand Oaks, CA: Sage Publications, Inc.

Padgett, D. (Ed.). (2004). *The qualitative research experience*. New York, NY: Wadsworth.

Padgett, D. (2008). *Qualitative methods in social work research* (2nd ed.). Thousand Oaks, CA: Sage Publications, Inc.

Park-Lee, E. (2005). *Creating harmony, creating happiness: Subjective well-being of older Koreans in the U.S.* Unpublished dissertation.

Paterson, B. L., Thorne, S. E., Canam C., & Jillings, C. (2001). *Meta-study of qualitative health research: A practical guide to meta-analysis and meta-synthesis*. Thousand Oaks, CA: Sage Publications, Inc.

Quenk, N. R. (2009). *Essentials of Myers-Briggs type indicator assessment (essentials of psychological assessment)*. New York, NY: Wiley.

Reichertz, J. (2007). Abduction in grounded theory. In A. Bryant & K. Charmaz (Eds.), *The Sage handbook of grounded theory* (pp.214 - 228). Thousand Oaks, CA: Sage Publications, Inc.

161   Richardson, R., & Kramer, E. (2006). Abduction as the type of inference that characterizes the development of a grounded theory. *Qualitative Research*, *6*(4), 497 - 513.

Ritzer, G. (2010a). *Classical sociological theory* (6th ed.). New York, NY: McGraw-Hill.

Ritzer, G. (2010b). *Sociological theory* (8th ed.). New York: McGraw-Hill.

Robbins, S., Chatterjee, P., & Canda, E. (2006). *Contemporary human behavior theory: A critical perspective for social work* (2nd ed.). Boston, MA: Allyn and Bacon.

Rodwell, M. K. (1998). *Social work constructivist research*. New York, NY: Garland Publishing, Inc.

Saini, M., & Shlonsky, A. (2011). *Systematic synthesis of qualitative research*. New York, NY: Oxford University Press.

Sandelowski, M., & Barroso, J. (2003). Classifying the findings in qualitative studies. *Qualitative Health Research*, *13*(7), 905 - 923.

Schmidt, J. L., Castellanos-Brown, K., Dulshieva, S., Oktay, J. S., Bonhomme, N., Davidoff, A., Terry, S., & Greene, C. (in press). *Genetics in Medicine*.

Shaw, I. (2003). Ethics in qualitative research and evaluation. *Journal of Social Work*, *3*(1), 9 - 19.

Shaw, I. (2008). Ethics and the practice of qualitative research. *Qualitative Social Work*, *7*(4), 400 - 414.

Star, S. (2007). Living grounded theory: Cognitive and emotional forms of pragmatism. In A. Bryant & K. Charmaz (Eds.), *The Sage handbook of grounded theory* (pp. 75 – 93). Thousand Oaks, CA: Sage Publications, Inc.

Stern, P. N. (2009). In the beginning Glaser and Strauss. In J. M. Morse, P. N. Stern, J. Corbin, B. Bowers, K. Charmaz, & A. E. Clarke (Eds.), *Developing grounded theory: The second generation* (pp. 24 – 29). Walnut Creek, CA : Left Coast Press.

Stern, P. N., & Porr, C. J. (2011). *Essentials of accessible grounded theory*. Walnut Creek, CA: Left Coast Press.

Strauss, A. (Ed.). (1977). *George Herbert Mead: On social psychology*. Chicago, IL: University of Chicago Press.

Strauss, A. (1987). *Qualitative analysis for social scientists*. Cambridge, MA: Cambridge University Press.

Strauss, A., & Corbin, J. (1990). *Basics of qualitative research*. Newbury Park, CA: Sage Publications, Inc.

Strauss, A., & Corbin, J. (1998). *Basics of qualitative research* (2nd ed.). Newbury Park, CA: Sage Publications, Inc.

Strauss, A., Corbin, J., Fagerhaugh, S., Glaser, B., Maines, D., Suczed, B., & Wiener, C. (1984). *Chronic illness and the quality of life*. St. Louis, MO: C. V. Mosby Co.

Strauss, A., & Mead, G. (1956). *The social psychology of George Herbert Mead*. Chicago: University of Chicago Press.

Strubing, J. (2007). Research as pragmatic problem-solving: The pragmatist roots of empirically-grounded theorizing. In A. Bryant & K. Charmaz (Eds.), *The Sage handbook of grounded theory* (pp. 580 – 602). Thousand Oaks, CA: Sage Publications, Inc.

Tashakkori, A., & Teddlie, C. (1998). *Mixed methodology: Combining qualitative and quantitative approaches*. Thousand Oaks, CA: Sage Publications, Inc.

Tashakkori, A., & Teddlie, C. (Eds.). (2003). *Handbook of mixed methods in social and behavioral research*. Thousand Oaks, CA: Sage Publications, Inc.

Thorne, S. E., & Paterson, B. (1998). Shifting images of chronic illness.

162

Image: Journal of Nursing Scholarship, *30*, 173 - 178.

Thyer, B. A. (1994). Are theories for practice necessary? No! *Journal of Social Work Education*, *30*, 148 - 151.

Thyer, B. A. (2001). The role of theory in research on social work practice. *Journal of Social Work Education*, *37*, 9 - 25.

Timmermans, S., & Tavory, I. (2007). Advancing ethnographic research through grounded theory practice. In A. Bryant & K. Charmaz (Eds.), *The Sage handbook of grounded theory* (pp.493 - 512). Thousand Oaks, CA: Sage Publications, Inc.

Waldrop, D. (2004). Ethical issues in qualitative research with high-risk populations: Handle with care. In D. K. Padgett (Ed.), *The qualitative research experience* (pp.236 - 249). Belmont, CA: Wadsworth.

Wells, K. (1995). The strategy of grounded theory: Possibilities and problems. *Social Work Research*, *19*(1), 33 - 40.

Wells, K. (2011). *Narrative inquiry*. New York, NY: Oxford University Press.

Westhues, A., Ochocka, J., Jacobson, N., Simich, L., Maiter, S., Janzen, R., & Fleras, A. (2008). Developing theory from complexity: Reflections on a collaborative mixed method participatory action research study. *Qualitative Health Research*, *18*(5), 701 - 717.

Wiener, C. (1984). The burden of rheumatoid arthritis. In Strauss, A. (Ed.), *Chronic illness and the quality of life*. St. Louis, MO: C. V. Mosby Co.

Worthington, C., & Myers, T. (2003). Factors underlying anxiety in HIV testing: Risk perceptions, stigma, and the patient-provider power dynamic. *Qualitative Health Research*, *13*(5), 636 - 655.

Yan, M. C. (2002). *A grounded theory study on culture and social workers: Towards a dialectical model of cross-cultural social work*. Ottowa, Canada: National Library of Canada.

Yan, M. C. (2005). How cultural awareness works: An empirical examination of the interaction between social workers and their clients. *Canadian Social Work Review*, *22*(1), 5 - 29.

163

Yan, M. C. (2008a). Exploring cultural tensions in cross-cultural social work practice. *Social Work*, *53*(4), 317 - 328.

Yan, M. C. (2008b). Exploring the meaning of crossing and culture: An empirical understanding from practitioners' everyday experience. *Families in Society: The Journal of Contemporary Social Services*, *89*(2), 282 - 292. DOI: 10.1606/1044 - 3894.3744.

Zimbalist, S. E. (1977). *Historic themes and landmarks in social welfare research*. New York, NY: Harper &- Row.

索引[*]

C

D

E

F

W

X

Y

译后记

在今天，扎根理论对很多研究者而言已经不再是一种陌生的研究方法。然而，要做到真正理解和运用这一研究方法，并扎实开展一项扎根理论研究，对大多数人来说还是一个难度极大的挑战。但我相信，这依然丝毫无损扎根理论的魅力和价值！

目前，国内已有几本扎根理论经典著作的中译本面世，这为本书的翻译工作提供了更多的参考。但相比之下，本书的几大特色之处在于：第一，对扎根理论发展脉络的梳理非常清晰，有助于读者深入理解扎根理论的发展演变过程及其内在的逻辑思路；第二，着重论述了扎根理论与社会工作专业之间的关系，使读者能够深切感受到扎根理论对促进社会工作实践不断完善以及提炼本土社会工作理论的巨大潜力；第三，贯穿整本书，无论是对扎根理论的概括介绍，还是对扎根理论资料分析过程及其相关技巧的详细展示，抑或是关于扎根理论质量评估和扎根理论论文发表的讨论，都一以贯之地结合了社会工作领域的相关研究案例来进行分析，有利于读者更好地把握该方法的实际运用，从而能有效地将本书的内容与自己正在开展或即将开展的研究联结起来。此外,考虑到开展扎根理论研究在当下以定量研究方法为主的现实环境中要面临的挑战,以及一项扎根理论研究在耗时方面的较高要求等多方面的限制,作者还提出了"有限扎根理论"和"形式扎根理论"的概念,这对读者而言都可以成为一些非常有益的尝试。

时光荏苒,接到本书翻译工作之时,我还没有开始撰写自己的博士论文;如今,我已成为一名社会工作系的教师。在这期间,鉴于以往翻译工作的经验,我每隔一段时间都会将译稿拿出来重新审阅,以求尽力校正其中的翻译错误或不通畅的语句。在此,首先要感谢曾守锤老师对我的极大信任,将此项重要的翻译工作交付于我。同时,也要感谢在数次校稿过程中给予我支持和帮助的朋友洪玉娟、熊勇,以及最后一次校稿时,对扎根理论深有钻研的师妹杨瑛和师弟唐立的细致阅读,他们提出的建议使译稿得以进一步完善。最后,希望读者与我一样,都能兴奋于扎根理论的独特魅力及其对社会工作专业的促进作用,并从本书的内容中获得些许启发和灵感。

译文当中如有不尽完善之处,还请读者多加包涵并予以指正。

洪 佩

2020 年 12 月 31 日

图书在版编目（CIP）数据

扎根理论 / (美) 朱莉安娜·S.奥克塔伊
(Julianne S. Oktay) 著；洪佩译. —— 上海：上海教
育出版社, 2023.8
　（社会工作研究方法指导丛书 / 曾守锤主编）
　ISBN 978-7-5720-1624-0

　Ⅰ.①扎… Ⅱ.①朱… ②洪… Ⅲ.①社会工作－研
究 Ⅳ.①C916

中国国家版本馆CIP数据核字(2023)第127872号

责任编辑　孔令会
封面设计　王　捷

社会工作研究方法指导丛书
曾守锤　主编　　安秋玲　副主编

扎根理论
[美] 朱莉安娜·S. 奥克塔伊　著
洪　佩　译

出版发行　上海教育出版社有限公司
官　　网　www.seph.com.cn
地　　址　上海市闵行区号景路159弄C座
邮　　编　201101
印　　刷　上海昌鑫龙印务有限公司
开　　本　890×1240　1/32　印张 7.625　插页 1
字　　数　153 千字
版　　次　2023年10月第1版
印　　次　2023年10月第1次印刷
书　　号　ISBN 978-7-5720-1624-0/C·0009
定　　价　49.00 元

如发现质量问题，读者可向本社调换　电话：021-64373213